야, 너두 할 수 있어

# 야,너두

당신이 결심한 모든 것을 이루는 8가지 강력한 무기

# 할수있어

김민철 지음

라곰

몇 년 전 김민철 대표를 만나 인터뷰를 하고 돌아오며 혼잣말을 했다. "제대로야, 이 사람! 분명 크게 성공할 거야." 내가 평소 존경하는 중견기업 회장은 '김미경 대표가 누군가에게 사업에 대해 코칭을 받아야 한다면 딱 한 사람을 추천해주고 싶다'고 했다. 바로 야나두 김민철.

만일 지금 사업, 돈, 자기계발, 경영 등에 풀리지 않는 문제가 있다면 이 책 속에서 김민철과 대화해보기를 권하고 싶다. 나처럼 독자들도 각자의 솔루션을 찾아내고, 위로받고, 다시 일어서게 될 거라 믿는다.

__김미경(김미경TV 대표, 《김미경의 리부트》 저자)

"운도 노력으로 만들어집니다." 언젠가 저자가 말했습니다. 말도 안 된다고 생각했습니다. 운은 노력의 함수가 아니니까요.

몇 년 전 야나두는 벼랑 끝까지 갔습니다. 저자는 가진 모든 것을 걸고 마지막 승부수를 던졌습니다. 그 일이 성공했을 때 기뻐하던 저자의 얼굴이 기억에 오래 남았습니다. 그 얼굴을 보며 '저 친구, 운이 좋구나'라고 생각했습니다.

그리고 오늘 이 책을 보고서야 오래전 저자의 말이 이해됐습니다. 타고난 운명마저 거스르며 성공한 데는 그만큼의 노력이 있었다는 것을요. 독자분들도 이 책을 통해 성장하고 성공하는 습관의 비밀을 알아내시길 바랍니다.

__구범준(세바시 대표PD)

보통 사람들은 실패를 경험하면 넘어지고 좌절한다. 그 실패를 계단으로 만들어 한 단계씩 성장하는 사람은 드물다. 그런데 저자는 그런 드문 일을 항상 해낸다. 이 책에서 저자는 그동안의 경험을 바탕으로 실패하고 넘어지는 보통의 사람들도 더 나은 방향으로 나아갈 수 있는 길을 제시한다. 10여 년간 저자가 몸으로 부딪히며 깨달은 성공의 비밀은 많은 사람들에게 새로운 통찰과 격려를 준다. "야, 너두 할 수 있어."

_박재욱(쏘카 대표)

요즘은 과거의 성공 방식이 통할 수 없는 세상이다. 기업이든 개인이든 익숙함과 결별하고 과감하게 새로운 방식으로 목표를 설정하고 행동해야 한다. 이 책에는 저자가 지난 10여 년간 원하는 것을 얻기 위해 직접 몸으로 부딪히며 터득한 방법들이 담겨 있다. 모두 실패를 통해 쌓아올린 데이터를 분석하고 종합하여 얻은 방법들이다. 변화와 혁신을 통하여 세상을 바꾸겠다는 꿈을 꾸는 젊은이라면 이 책에서 신선하고 값진 통찰을 얻을 수 있을 것이다.

_**지영조**(현대자동차그룹 사장)

좋은 브랜드를 만든다는 것은 보통의 관점으로는 불가능한 일이다. 오랜만에 대한민국에 좋은 브랜드가 나왔다. '야, 너두 할 수 있어.' 스스로를 실패 장인이라고 하지만, 사실은 성공 장인이다. 김민철 대표의 통찰력과 날카로움을 경험해보시라. 놀라움을 느낄 것이다.

_**신병철**(중간계캠퍼스 대표,《통찰의 기술》 저자)

## 당신이 결심한 모든 것을
## 이루는 마법의 힘

"민철아, 네가 이래 될 줄 몰랐네."

"네, 어무이. 지도 몰랐네예."

강남역 5번 출구 앞. 회사로 아버지, 어머니가 구경을 오셨다. 사무실을 둘러보시는 내내 입가에 미소가 떠나질 않으셨다.

과거의 나는 대한민국에서 정말 평범한 사람 중 하나였다. 아니, 오히려 부족한 사람이었다고 하는 것이 맞을 것이다.

2002년 1월 10일 오전 9시. 부산 영도에서 태어나 대학까지 부산에서 졸업한 나는, 미래에 대한 막연한 꿈을 지닌 채 팬티 세 장, 러닝 세 장 달랑 움켜 들고 서울로 올라왔다. 마땅히 지낼 곳도, 돈도 없이 무작정 상경한 나에게 친구는 선뜻 본인의 원룸을 내주었다(설태식 고맙다). 이렇게 더부살이를 시작한 나에게 서울이라는 생경한 곳은 취업의 문을 쉽사리 열어주지 않았다. 일명 '지잡대' 출신의 나에게 돌아오는 답변은 늘 그렇게 마음의 상처만을 남기곤 했다.

좋은 대학? 차별화된 스펙? 좋은 직장? 그런 것은 나와 먼 이야기였다. 100여 개의 회사에 지원했고, 100여 번 탈락의 고배를 마셨다. 결국 내가 선택한 나의 첫 직장은 오락실. 동전 바꿔주는 캐셔 일이었다. 월급은 단 23만 원. 그래도 내 힘으로 월급을 받기 시작한 것이 좋았다.

점심은 아르바이트 일터에서 제공하는 식사로 때웠고, 저녁은 고향 선배들의 회사 앞에서 마냥 그들을 기다리며 함께하는 시간으로 끼니를 때우곤 했다.

당시 나의 첫 번째 목표는 4대 보험을 가입해주는 직장을 갖는 것이었다. 당시의 나에게는 머나먼 미래에나 가능한 일이었다. 그런데 지금은 대한민국 사람의 91퍼센트가 안다는 야나두의 대표가 되었다. 같은 뜻을 품고 함께 일하는 수백 명의 동료들이 생겼고, 근사한 사무실도 생겼다.

어떻게 나에게 이런 일이 일어날 수 있었을까?

지금의 나를 가능케 한 것은 누군가의 '말'이었다. 언제나 그 말이 내가 힘들 때 일어날 수 있는 힘을 주었고, 절망에 빠졌을 때 희망을 찾게 했고, 궁지에 몰렸을 때 벗어나게 하는 원동력 이 되었다.

"야, 너두 할 수 있어!"

지난 10년간 사업에 스물네 번 실패했고 150억 원을 잃었다. 2000만 원이 필요해서 온갖 방법을 동원했지만 1990만 원밖에 모으지 못해 부족한 10만 원 때문에 쩔쩔매야 했던 적도 있다. 3개월 만에 은행에서 빌린 돈까지 합쳐, 자본금 50억 원을 다 써버리고 회사 통장 잔액이 11만 원밖에 되지 않을 정도로 어려운 적도 있었다. 그때는 실패가 두려워 침대에서 오돌오돌 떨며 밤을 지새우기도 했다.

그때 나를 버티게 한 건 나도 할 수 있다는 말이었다. 말은 생각을 만들고, 생각은 행동을 만들었다. 행동은 작은 결과를 만들었고, 작은 결과는 곧 큰 결과로 이어졌다.

이 책은 성공하는 법을 알려주고 있지만, 사실 성공하는 법보다 더 중요한 것은 '할 수 있다'는 생각을 가지는 것이다. 100퍼센트 성공하는 법은 어쩌면 존재하지 않을 수도 있다. 이미 시중에는 수많은 성공하는 법이 있고, 이 책도 그중 하나일 뿐일 수도 있다. 성공의 길은 각자의 길이자, 각자의 방법이다. 결국 법칙보다 더 중요한 것은 바로 '할 수 있다는 마음'이다.

어떤 순간이 오더라도 "할 수 있다", 원하는 곳까지 도달하지 못해도 "실험의 결과, 그래도 여기까지 왔다" 그리고 "언젠가는 할 수 있다"고 여기는 마음. 이 책을 읽은 독자들이 그 마음을 만드는 마법 같은 말 '야, 나두 할 수 있어'라는 믿음을 갖게 되길 바란다. 그리고 몇 년 후, "야, 나두 했어"라고 말하기를 기원한다.

어떻게 해야 결심한 모든 것들을 이룰 수 있는지 치열하게 연구했고, 실험했고, 알아냈다. 다른 사람들의 성공을 지켜보며 조바심 내는 사람들, 성공의 방법을 몰라 방황하는 이들에게 이 책이 성공을 향한 작은 나침반이 되어주길 바란다.

2021년 1월

김민철

# 차례

# 나를 먼저 생각하는
# 이기심이 필요하다

인생은 나를 위해 사용하고

남은 것을 남을 위해 사용하는 것이다.

# 이 일은 나를
# 행복하게 하는가

## 우리의 행복지수가
## 낮은 이유

　　　　　대한민국을 흔히들 '정답 사회'라고 부른다. 태어나기 전부터 어떻게 사는 게 인정받는 길인지 정답이 정해져 있는 사회. 그 정답을 따라 살아야만 성공한 인생이라고, 적어도 평범한 삶이라 부를 수 있는 사회. 개개인의 다름을 인정하지 않고, 사회의 기준으로 개개인의 인생을 '맞다' 또는 '틀렸다'로 재단하는 사회. 이러한 사회적 압력 때문에 내가 내 인생을 주체적으로 살지 못하고, 사회가 정해둔 정답을 따라 살다 보니 대한민국 국민의 행복지수는 매우 낮다. 유엔 산하 자문 기구인 지속가능발전해법네트워크가 발표한 〈2020 세계행복보고서)의 국가별 행복지수에서 한국은 61위에 머무른다. 한국의 GDP(국내총생산)가 전 세계 10위인 것과 대조된다. 한국인의 평균 성적표는, 금전적인 성공은 어느 정도 이루었으나, 행복에는 이르지 못한 삶을 산다는 것이다. 인생의 중요한 선택을 할 때, 그 기준에 나의 행복을 우선순위로 두지 않기 때문이다.

불평등한 것투성이인 인생이지만 모두에게 공평하게 주어진 단 한 가지가 있다. 바로 누구나 예외 없이 죽는다는 것이다. 우리는 모두 시한부 인생을 살아간다. 죽음을 목전에 둔 순간, 우리는 어떤 생각을 하게 될까? 더 살아서 무엇을 해볼 기회가 없다는 것을 알았을 때 가장 후회하는 것은 무엇일까? 호주에서 호스피스로 일한 브로니 웨어는 죽음을 앞둔 사람들이 가장 후회하는 다섯 가지를 다음과 같이 꼽았다.

1. 다른 사람이 아닌, 내가 원하는 삶을 살았더라면

2. 그렇게 열심히 일하지 않았더라면

3. 내 감정을 표현할 용기가 있었더라면

4. 친구들과 계속 연락하고 지냈더라면

5. 나 자신에게 더 많은 행복을 허락했더라면

죽음 앞에서 가장 후회하는 것은 자신에게 솔직한 인생을 살지 않았던 것이었다. 다른 사람이 내게 기대하는 대로 사느라, 내가 원하는 삶을 살 용기를 내지 못한 것을 가장 원통해했다. 또 타인과 원만하게 지내려고 노력하느라 감정을 억눌렀고, 억누른 감정이 건강을 악화시켰다는 것도 안타까워했다. 행복은 선택의 문제였다는 것을 뒤늦게 알았다고 고백하기도 했다. 행복할 자격이 없다는 편견에 사로잡혀서 삶이 흘러가는 대로 내버려두었기 때문에 더 많이 웃을 기회를 놓쳤다는 것도 아쉬워했다.[1]

## "내게 낸데"라는
## 부산 말

대한민국에 몰입 열풍을 불러온 서울대학교 황농문 교수는 후회로 가득한 비참한 말년은 자신이 생각할 수 있는 가장 처절한 것이라고 했다.

"나는 내가 왜 이 길을 선택하게 됐는지를 생각해보았다. 대학과 카이스트 석사, 박사 과정 동안 정신없이 공부에 매진하고 결혼을

했고 이제 이렇게 미국으로 포스트닥까지 오게 됐다. 모든 일이 정신없이 정해진 순서에 따라 진행된 느낌이었다. 돌이켜보니 내가 자유의지를 가지고 판단한 것이 하나도 없었다. '아 그래서 이런 지경에 이르렀구나!' 내 의지대로 판단하지 않고 주변에서 이렇게 해야 한다고 하니 따라가고, 그러다 보니 지금 그 자리에 서 있게 되었다는 생각이 들었다. 이 길이 아닌 것은 분명했다. 후회하지 않을 삶, 혹은 직업을 새로이 찾아야 할 때였다. 인생의 마지막 순간에 후회를 한다면 그것은 실패한 인생이다. 그렇다면 과연 어떻게 살아야 인생의 마지막 순간에 후회하지 않을까? 이제라도 올바른 직업을 찾아보자는 생각이 들었다. 그 길이 비록 가시밭길이라고 해도 후회하지 않을 길이라면 기필코 가리라 마음먹었다."

황농문 교수는 치열하게 고민했고, "현실적인 어려움과 능력의 한계에 부딪히더라도 정말 중요한 문제, 그리고 꼭 해결해야 하는 주제를 선택해 최선을 다해 연구하면 후회가 없을 것"이라는 결론에 도달했다. "나는 인생의 방향뿐만 아니라 연구 방식에까지 두루 변화가 필요하다는 것을 절감했다. 더 이상 논문 쓰는 것을 목적으로 할 게 아니라 내가 연구하는 분야에서 정말 중요하고 해결해야 할 주제를 선택해, 시간이 얼마가 걸리더라도 내 능력을 모두 발휘하기로 했다."[2]

죽음 앞에서 후회하지 않는, 만족스러운 인생을 살려면 황농문 교수와 같은 전환의 순간이 필요하다. 부산 말 중에 '내가 낸데'라는 말이 있다. '나는 나'라는 외침이야말로 내 인생을 주체적으로 살아가는 시작점이다. 내 인생은 내 것이고, 내가 만드는 것이며, 나의 법칙대로 살아야 한다. 세상의 정답이 아닌, 나의 정답을 찾기 위한 노력을 해야 한다. 하지만 우리나라 사람들은 나 중심으로 생각하는 힘이 참 약하다. 가족 중심, 친구 중심, 우리 중심 등등 타인의 영향력이 너무 크다. 나 자신에 대한 질문 없이 가족, 친구, 타인의 시선에 매몰되어 살아간다. 내 안에 타인이 너무 많아서 정작 내가 살 곳이 없다.

## 인생은 정답 맞히기가 아니다

사람은 환경에 영향을 받는 존재다. 똑같은 사람도 환경이 바뀌면 다르게 행동한다. 특히 교육은 한 사람의 인생이 향하는 방향을 결정짓는 매우 중요한 요소다. 한국에서 교육받을 때, 미국에서 교육받을 때, 유럽에서 교육받을 때, 아프리카에서 교육받을 때의 영향력은 매우 다르다. 한국에서 교육받더라도 공교육을 받을 때, 대안학교에 다닐 때, 홈스쿨링을 할 때의 영향력도 매우 다르다. 어디에서 누구에게 어떤 교육을 받느냐에 따라 인생의 가치관, 사고방식, 행동 양식이 모두 다르게 나타난다.

한국 공교육의 특징은 어디에 내놓아도 무난한 평범한 사람으로 키운다는 것이다. 교사는 안정 지향의 성향을 가진 탓에 안정적인 직업을 선택한 사람이며, 직업 공무원으로서 정해진 틀을 따르는 사고방식과 행동 양식을 가진 집단이다. 이 때문에 한국의 공교육 시스템 아래에서 성장한 아이들도 유사한 습성을 가지게 되고, 장기적으로 이것은 한국인의 특성이 된다. 한국인들은 안정적인 선택을 선호하고, 기꺼이 사회제도에 편입되고자 하며, 성 밖으로 나가는 것을 두려워한다. 미지의 세계를 향해 도전하고자 하는 성향이 약하다.

공교육 시스템이 없던 과거의 교육 방식은 지금과 달랐다. 목표하는 일의 전문가를 찾아가 도제 방식으로 배웠다. 칼을 만들고 싶다면, 칼을 잘 만드는 장인을 찾아가 문하생이 되어 기술뿐만 아니라 정신과 철학까지 오랜 시간을 들여 배웠다. 학문에 정진하고자 한다면 서당의 훈장 밑에서 도제 방식으로 배웠다. 일곱 살이든, 열한 살이든 나이에 상관없이 수준에 맞게 배워나갔다.

전문가가 되려면 그 분야의 장인에게 배워야 한다. 연예인이 되려고 어릴 때부터 기획사에서 전문 트레이닝을 받는 것처럼, 예술가가 되기 위해 예고로 진학하는 것처럼, 전문가가 되려면 전문가에게 배워야 한다. 돈을 벌고 싶으면 돈을 많이 번 사람에게 배우고, 운동을 잘하고 싶으면 운동 전문가에게 배우고, 프로그래밍을 잘하고 싶으면 프로그래밍 전문가에게 배워야 한다.

우리나라의 교육 방식이 공교육 체제로 바뀐 것은 100년 전이다. 2차 산업혁명이 한창이던 산업화 시대에는 범용적인 인재를 키우는 것이 목표였다. 노동 인력을 고도화하기 위해 교육으로 공산품 찍어내듯 평준화된 교육을 했다. 하지만 4차 산업혁명 시대인 지금은 범용적인 인재가 아닌 전문가가 필요하다. 시대의 필요로 만들어져 과거에 성공한 시스템이 여전히 유효한 것은 아니다.

공교육 시스템에서 성장한 사람은 학교에서 배운 것에 의문을 품을 필요가 있다. 학교는 정보를 가르치고는 '맞다/틀리다'를 기준으로 지식을 점수화하는 곳이다. 전 과목 점수를 기준으로 학생을 줄 세우는 곳이다. 학교는 개개인의 가능성과 잠재력을 존중할 여력이 부족하고, 개개인을 전문가로 키워줄 시스템도 갖추지 못했다. 학교 성적에 움츠러들 필요가 없다. 전 과목을 골고루 다 잘하지 못한다고 해서 자신의 가능성에 의문을 품지 않아도 된다. 인생은 맞다/틀리다의 정답 맞히기가 아니다. 내 기준의 서사가 있을 뿐이다. 나의 삶은 어떠해야 한다는 고정관념이 있다면 그 관념을 버려도 괜찮다. 고정관념에 사로잡혀 있으면 새로운 가능성을 발견할 여지가 줄어든다.

## 비주류가 주류가 된
## 힘의 비결

야나두 창업자인 나는 성공한 사람이라는 타이틀을 가지고 강연에 자주 나서지만, 실상은 대한민국 사회에서 성공 가능성이 매우 낮은 비주류로 성장했다. 운이 좋아서 중학교 때에는 간당간당한 성적으로 인문계 고등학교에 입학할 수 있었다. 고등학교 때는 2년제 대학에 가기도 어려운 실력이었지만 수능이 대박 난 덕분에 4년제 대학에 입학했다. 운좋게 붙은 지방 4년제 대학에서도 학점은 형편없었다. 졸업 학점이 겨우 3.0 정도였다. 영어를 너무 못해서 학교에 있는 영어 수업은 죄다 들었지만, 토익 점수는 취업에 도움이 안 될 정도로 낮았다. IMF를 겨우겨우 헤쳐 나올 즈음인 2001년에 대학을 졸업했다. 지금도 그렇지만 그 당시에도 취업문이 굉장히 좁았고, 특히 지방대 졸업생은 취업이 매우 어려웠다. 비주류인 나에게 취업의 선택지는 그리 많지 않았다. 하지만 나는 목표로 했던 마케터로 성공했고, 마케팅 역량을 바탕으로 야나두에서 전 국민을 대상으로 영어 교육을 한다.

학교에서 열등생이 사회에서 엘리트로 인정받게 된 비결은 무엇이었을까. 나는 학창 시절 내내 공부 못하는 학생이었지만, 그것에 크게 개의치 않았다. 나는 공부를 안 하는 사람이지, 공부를 못하는 사람이라고 생각하지 않았다. 전 과목을 다 잘하진 못했지만 좋아하는 국어나 물리 과목의 성적은 꽤 괜찮았다. 대학교에서도 학점은 나빴음에도 나는 운동과 여행을 좋아하는 사람일 뿐이라고 생각하며 낮은 성적에 자책하지 않았다. 성취와는 거리가 멀었지만 내가 원하는 일을 선택하자 물 만난 물고기처럼 활력이 생기고 몰입이 되고 성과가 났다. 내가 하고 싶은 일을 끈기 있게 했더니 성공으로 이어졌다.

자기 인생에 대한 주체성과 책임감이 부족한 사람들을 많이 본다. 다른 사람이 내 인생을 대신 살아주지 않는다. 타인이 내 인생에 던지는 말은 무책임한 경우가 많다. 시간, 에너지, 감정을 쏟아 매 순간 살아가는 것은 말만 하는 타인이 아니라 나다. 죽음 앞에 후회하는 것도 나다. 남의 가벼운 의견에 흔들려서 인생의 중요한 결정을 하면 성공하기 어렵다. 그러니 다른 사람이 별생각 없이 내놓는 나에 대한 부정적인 생각에 휘둘릴 필요는 없다. 만약 타인의 생각에 쉽게 흔들린다면, 아직 스스로에 대한 이해와 결단이 부족하기 때문이다. 어떻게 살 것인지에 대한 내 중심이 서 있지 않기 때문에 여기저기서 들리는 소리에 마음이 갈대처럼 흔들리고, 결정 장애에 빠져 내 삶에 대한 답을 타인에게 구하는 것이다. 자기 선택권이 약하면 끈질기게 해내지 못한다. 타인이 선택해준 일은 포기로 이어지는 경우가 많고, 이는 원망을 낳는다.

나라는 존재가 바로 서야 인생을 주도적으로 이끌어갈 힘이 생긴다. 인생은 장거리 경주이고, 내가 원하는 것을 해야 행복하게 지속 가능하다. 나에 대해 치열하게 고민하고 나의 비전과 행복을 기준으로 인생에서 중요한 선택을 해야 외부의 소란에 흔들림이 적다. 어떠한 어려움이 닥쳐도 끝까지 해낼 힘이 생긴다. 비록 원하는 결과에 이르지 못한다고 하더라도 결과에 책임지고 다음 단계로 넘어갈 수 있다. 나는 어떤 사람이 되고 싶은지에 대한 치열한 고민이 필요하다. 내가 원하는 바를 솔직하게 말하고 행동하는 용기를 가져야 한다.

'소중하고 중요한 것을 먼저하라'는 격언에는 동감하면서, 나 자신을 소중하게 여기고 나 자신을 우선순위에 두는 사람은 많지 않다. 남을 더 소중하게 여기는 사람도 부지기수다. 타인을 돌보는 일에 집중하느라, 나를 잊어버리고 사는 사람도 많다. 내 주체성, 내 감정, 내 시간을 소중히 여겨야 한다.

예를 들어 두 사람이 대화하고 있다고 하자. A가 B에게 무례한 말을 한다. B는 어떻게 대처해야 할까? 한국 사람들은 참고 참다가 버럭 화를 낸다. 주먹과 욕이 날아간다. 성격이 소심한 사람은 화를 꾹꾹 참다가 화병을 만든다. 하지만 서양 사람들은 화가 폭발할 때까지 타인을 내버려두지 않고 재빠르게 상대에게 말한다. "너의 그 말은 나를 화나게 하고 있어, 그만해"라고.

나는 어린아이들에게 무턱대고 '사이좋게 지내라', '착하게 살아라', '다른 사람을 배려해라' 등의 가치관을 강요하는 것을 반대한다. 왜냐하면 나의 행복을 제대로 이룬 다음에 타인에 대한 배려를 고민해야 하는데, 이런 가치관을 강조하면 나의 존재를 약화시키고 타인의 존재를 강화하기 때문이다.

남에게 좋은 사람이 되는 것이 인생의 우선순위일 수는 없다. 나의 행복을 먼저 고려하는 것이 중요하다. 내가 먼저 행복한 다음에, 타인과 나누는 기쁨을 아는 것이 순서다. 내가 행복해야 나의 것을 남에게 주는 지혜도 생긴다. 내가 행복한 다음에 타인의 행복에 대해 가르쳐야 하는데, 남의 행복을 내 앞에 두면 행복할 줄 모르는 사람으로 성장하게 된다.

인생은 이기적일 필요가 있다. 나부터 챙겨야 한다. 나를 챙기고 내가 행복하면 그때 남을 챙기는 것이 순리다. 내가 있어야 남도 있는 것이다. '이기적인 사람=나를 소중하게 생각하는 사람=나를 사용하는 방법을 아는 사람'이라는 등식을 이해하고 실천해야 한다. 내 인생의 끝이 남을 향해 있으면 불행한 인생이 된다. '내가 죽는다는 것은 결정되어 있다. 나는 남은 시간 동안 무엇을 하고 싶은가', '이 일은 나를 행복하게 하는가' 등 나를 중심에 둔 질문을 던져야 한다.

# 의미가있을때
# 성공 확률은 높아진다

### 세 벽돌공
### 이야기

　　　　　　나를 중심에 두고 내가 원하는 일을 선택했다면, 이제 세상으로 눈을 돌려야 한다. 일을 통해 사회에 어떤 긍정적인 영향을 줄 것인지 내 일의 사회적 의미를 고민해야 한다.

　세 명의 벽돌공이 벽돌로 건물을 짓고 있었다. 세 벽돌공에게 무엇을 하고 있느냐고 물었다.

　첫 번째 벽돌공이 말했다. "벽돌을 쌓고 있습니다."

　두 번째 벽돌공이 말했다. "교회를 짓고 있습니다."

　세 번째 벽돌공이 말했다. "하느님의 성전을 짓고 있습니다."

세 사람 모두 생계를 위해 벽돌 쌓는 일을 선택했다. 하는 일은 같지만, 그 의미는 각각 다르다. 첫 번째 벽돌공에게 일은 단순 작업이다. 두 번째 벽돌공에게 일은 건물의 완성이다. 세 번째 벽돌공에게 일은 신을 경배하는 것이다. 셋 중 누가 자신의 일을 더 좋아하고, 더 만족스러워하며, 더 잘해낼까? 누가 어려운 일이 닥쳐도 포기하지 않고 끝까지 해낼까? 세 번째 벽돌공일 것이다.

일을 통해 세상과 어떤 관계 맺음을 하고, 세상에 어떤 영향을 미칠지 자문하고 정의하는 일은 매우 중요하다. 일의 의미는 개별적이다. 같은 일을 하더라도 일의 의미는 제각각이다. 다른 사람이 정의한 일의 의미가 나에게 적용되진 않는다. 기자라는 직업이 누군가에게는 밥벌이이고, 누군가에게는 정보를 전달하는 일이며, 누군가에게는 사회 정의를 실현하는 것이다. 식당을 운영하는 일이 누군가에게는 생계이고, 누군가에게는 직원 가족의 생활을 책임지는 일이며, 누군가에게는 이웃에게 맛있고 건강한 식사를 대접하는 일이다.

청소 일에는 어떤 의미가 있을까? 하드웍스HardWorks는 죽은 자의 집을 청소하는 회사다. 고객에게 제공하는 주요 서비스는 다섯 가지다.

- 범죄 현장 특수 청소

- 유품 정리, 트라우마 클리닝, 시신 부패 현장 특수 청소

- 동물 사체 처리, 부패 현장 살균

- 쓰레기 집 청소, 심각한 방치 현장 원상 복구

- 악취, 심각한 오염 제거[3]

김완 하드웍스 대표는 생업으로 청소 회사를 시작했다. 그리고 일에 '인간의 존엄성을 회복시키는 특수 청소 서비스'라는 사명을 부여했다. 죽음의 현장, 쓰레기 집, 오염되고 방치된 곳을 사람 살기 좋은 곳으로 회복시키는 것이 하드웍스 직원들의 소명이다. 일은 만만치 않지만, 그 일을 통해 고객의 삶에 드리운 삶의 고통을 덜어낸다.

범죄 현장에 엎드려 바닥에 굳은 피를 긁어내는 일로 피해자를 보호한다. "피해자 편에서 깨알 같은 핏자국 하나라도 더 찾아내 언젠가 떠올릴지도 모를 악몽의 씨앗을 모조리 제거한다. 사건의 흔적이라곤 어떤 사소한 것조차 남기지 않고 완벽하게 청소하는 것만이 우리 같은 특수 청소부가 자부할 일이다."

막힌 변기 앞에 쪼그려 앉아 고무장갑을 끼고 똥을 그러모아 봉지에 옮겨 담는다. 집 안에 쌓아놓은 7~8톤의 쓰레기를 수백

개의 봉투에 담아 집 밖으로 옮기기도 한다. "변기와 세면대를 천사장 가브리엘의 이빨이라고 할 만한 수준으로 하얗고 눈부시게 닦아놓으면 마음이 참 뿌듯해진다. 악취 풍기는 실내를 마침내 사람이 마음 놓고 숨 쉴 수 있는 원래의 공간으로 돌려놓았을 때, 살림과 쓰레기로 발 디딜 틈 없는 공간을 완전히 비우고 아무것도 남지 않은 텅 빈 집으로 만들었을 때 나는 자유로움과 해방감을 느낀다."

자살한 시체가 몇 달간 머물던 지독히 냄새 나는 방을 청소하며 고인이 떠나간 자리를 말끔히 정리한다. "살아 있는 자라면 필연적으로 코를 막고 기피하는 것을 요령껏 없애고, 서랍과 장롱, 수납장에 오랜 세월 고이 잠들어 있던 온갖 잡동사니와 옷가지를 끄집어내 집에서 탈출시킨다."

하드웍스 팀에겐 쓰레기가 가득 쌓인 집도, 살인으로 피 묻은 집도 모두 고귀하다. 이들이 지나간 자리에는 인간의 존엄성이 다시금 회복된다. 이들에게 일을 맡긴 사람은 "그 쓰레기들 다 어디 갔나요? 흔적도 없이 사라졌네요. 꼭 꿈을 꾼 것 같아요!"라고 한다. 그리고 다시 존엄한 삶을 향해 한 발 내딛는다.⁴

## 의미는 '내가'
## 만드는 것이다

케이틀린 도티는 로스앤젤레스에서 20대에 장의사를 시작했다. 여덟 살에 쇼핑몰에 놀러 갔다가 우연히 어린아이의 추락사를 본 것이 계기가 됐다.

죽음은 어린아이였던 그녀에게는 평생 트라우마가 된 엄청난 사건이었다. 하지만 죽음을 부정하는 문화가 팽배한 탓에 그 누구도 죽음에 대해 설명해주지 않았고, 놀란 그녀의 마음을 위로해주지 않았다.

어린 나이에 죽음을 가까이에서 접한 경험은 케이틀린을 죽음에 집착하게 만들었다. 시카고 대학교에서 중세사를 전공하며, 죽음을 둘러싼 역사와 문화에 대해 공부했다. 장의사로 일을 시작한 것은 어린 시절의 트라우마를 스스로 치유하기 위함이었다.

장의사인 그녀의 하루는 오전 8시 30분에 화장로의 온도를 화씨 1500도(섭씨 816도)로 올리면서 시작된다. "아침마다 마이크는 캘리포니아주에서 발급된 화장허가서 여러 장을 내 책상 위에 쌓아놓고는, 오늘 화장할 사람이 누군지 내게 알려준다. 허가서 두 장을 추린 다음 나는 내가 화장할 시신들을 '냉장 트럭'에서 찾아와야 한다. 냉장 트럭이란 시신들이 화장될 때까지 대기하는, 담당자가 걸어 들어갈 수 있는 시신 냉장고를 말한다. 차가운 바람이 나오는 냉장고 속을 뚫고 들어가 나는 첩첩이 쌓인 시체 박스(고인의 이름, 죽은 날짜가 적힌 상자)에 인사했다. 냉장 트럭에서는 얼음에 재운 시체 냄새가 난다. 뭐라고 딱 꼬집어 말할 수는 없지만 아무튼 잊을 수 없는 냄새다. 이제는 시체 박스를 열어야 할 시간이다. 박스를 열 때마다 집에서 호스피스 서비스를 받다가 평화롭게 죽음을 맞은 95세 할머니부터, 홈디포(주택용 자재 전문유통업체) 가게 뒤의 쓰레기통에서 8일간 부패되다가 발견된 30세 청년에 이르기까지, 무엇이든 발견할 수 있다. 한 구 한 구가 새로운 모험이다."

장의사라는 직업이 그녀에게는 어떤 의미일까? 그녀의 사명은 죽음에 대한 대화를 금기시하는 현대인들이 죽음을 더 잘 받아들이고 준비할 수 있도록 돕는 것이다. 죽음에 대한 대화가 좀 더 일상적으로 이루어지기를 바라는 마음에서 장의사로 일한 경험을 담은 책《잘해봐야 시체가 되겠지만》을 출간했다. 죽음에 관해 이야기하는 유튜브 채널 '장의사에게 물어보세요Ask A Mortician'는 121만 명이 구독한다.

그녀가 생각하는 좋은 죽음은 "지금까지 하던 일을 잘 정리하고, 전할 필요가 있는 좋고 나쁜 말을 전하고, 죽을 준비가 되었다는 뜻이다. 수많은 고통과 괴로움을 견딜 필요 없이 죽는다는 뜻이기도 하다. 죽음을 불가피한 것으로 받아들이고 죽을 시간이 왔을 때 싸우지 않는다는 뜻이다".

이는 좋은 죽음에 대한 케이틀린 도티의 정의일 뿐이다. 그녀는 인생을 더 잘 살아가려면 좋은 죽음에 대한 자신만의 정의를 내려야 한다고 조언한다.[5]

## 돈이 목표가
## 되어서는 안 된다

사업가는 내가 원해서 선택한 내가 좋아하는 직업이다. 하지만 단순히 돈벌이를 목표로 다양한 사업을 시도했을 때는 번번이 망했다. 어려운 일이 닥쳤을 때 그 일을 끝까지 해내야 한다는 동기가 약했기 때문이다.

여러 번의 시행착오를 거치며, 사업으로 세상에 어떤 긍정적인 영향을 미칠 것인지를 고민했다. 그리고 '사람들의 잠재력을 이끌어주는 자기계발 회사가 된다'는 미션을 정하고, 온라인 영어 회화 서비스 야나두를 시작했다.

회사 통장에 11만 원밖에 없을 정도로 어려운 시기도 있었지만, 무수한 어려움을 딛고 성공에 다다랐던 원동력은 단단한 미션이었다. 야나두가 회원들의 성공을 도우면, 야나두도 성공하는 선순환이 일어난다.

미션, 즉 일의 의미와 성공의 연관 관계는 나만 느끼는 것이 아니다. 2017년 미국의 리더십 개발 플랫폼인 베터업BetterUp이 일의 의미와 성과에 관한 설문 조사를 진행했다. 조사는 미국 전역에서 26개 산업군에 종사하는 2285명을 대상으로 진행됐다. 조사 결과 일에서 큰 의미를 느끼는 사람은 연간 9078달러의 생산성을 더 발휘했다.[6]

자신의 일에서 의미를 느끼는 사람들에겐 이런 공통점이 있었다.

- 연봉 인상률이 10퍼센트 더 높았다.
- 승진을 5퍼센트 더 많이 했다.
- 유급 휴가를 평균 2일 덜 사용했다.
- 퇴사 계획이 28퍼센트 더 적었다.

내가 좋아서 하는 일에 선한 의미가 담겨 있으면 성공 확률이 높아진다. 내 일이 단 한 사람에게라도 중요한 일이라는 믿음이 확고하면 아주 사소한 것도 허투루 할 수 없다. 일에 쏟는 시간과 에너지가 전혀 아깝지 않게 느껴져서 정성을 담아 최선을 다하게 된다. 애쓴 만큼 실력이 쌓이고 경쟁력이 생긴다. 일이 뜻대로 되지 않고 실패가 누적되더라도 쉽게 포기하지 않는다. 내 일이 세상에 어떤 이로움을 주는지 잘 알기 때문에 굳건한 의지력으로 계속해나갈 수 있다. 보람되고 성공적인 삶을 살고 있다는 자부심과 행복감이 든다.

천재들을 천재로 만든 것은 타고난 재능이 아니라 그들이 품은 원대한 뜻이었다. 세상에 기여하겠다는 선한 의지였다. 내 일의 의미가 크기 때문에 나의 한계를 넓히며 앞으로 나아가는 것이다.

사람은 누구나 쉬운 일을 하며 편하게 살고 싶어할 거라는 생각은 인생에 대한 잘못된 편견이다. 사람들은 누구나 더 의미 있는 일을 하고 싶어하는 한편, 더 큰 책임감을 느끼며 성장하기를 원한다. 한정된 내 시간을 더 가치 있게 쓰고 싶어한다. 다만 그 방법을 모를 뿐이다.

모든 일에는 의미가 있다. 내가 하는 일은 세상에 어떤 의미가 있는지, 내 영혼에 울림을 주는 답을 찾아야 한다. 그 답이 일에 대한 나의 태도와 성과를 품격 있게 한다. 나를 먼저 위하는 이기심으로 인생의 기본 방향을 설계하고 그 위에 세상을 이롭게 하는 선한 목적을 장착할 때 나, 너, 우리가 상생하는 성공이 가능하다.

Do 2

# 측정하지 않으면
# 이르지 못한다

계획 없는 목표는
한낱 꿈에 불과하다.

# '성공하겠어'는
# 목표가아니다

**수영 천재**
**펠프스의 목표**

마이클 펠프스는 수영으로 올림픽 메달을 28개나 목에 걸었다. 인류 역사상 가장 많은 올림픽 메달을 딴 것이다.

일곱 살에 수영을 시작한 펠프스는 물을 너무 싫어해서 얼굴을 물에 담그지도 못해 배영부터 배웠다. 6학년 때는 잠시도 가만히 있지 못하고 너무 산만해서 주의력결핍 과다행동장애 ADHD 진단을 받았다. 넘치는 에너지를 주체하지 못해 수영에 집중하는 한편, 수영 외의 다양한 운동도 같이 했다. 수영에 대한 원대한 꿈을 꾸고 실력이 일취월장한 것은 열한 살에 볼티모어 수영 클럽에서 밥 보먼 코치와 만나면서부터였다.

밥 보먼 코치는 펠프스가 열두 살이 되던 해, 부모에게 "아들을 올림픽에 출전시키겠다"고 장담했다. 그리고 펠프스는 열다섯 살이던 2000년에 시드니 올림픽에 출전하며 목표를 이뤘다. 비록 시드니 올림픽에서 5위에 머물렀지만, 밥 보먼 코치는 다음 목표는 '세계 신기록 달성'이라고 선언했다. 펠프스는 2004년 아테네 올림픽 선발전이 열린 캘리포니아 롱비치 수영장 부지에 분필로 '400미터 혼영 4분 9초 09'라고 쓰며 목표를 분명히 했다. 그리고 아테네 올림픽에서 4분 6초 22로 세계 신기록을 세웠다.

마이클 펠프스는 수영에 최적화된 체격을 타고났다. 하지만 그가 '올림픽에 출전하겠다', '세계 신기록을 세우겠다'는 구체적인 목표를 세우지 않았다면, 최연소로 올림픽 대회에 출전하고 세계 신기록을 세울 수 있었을까? 만약 펠프스가 '수영을 잘하고 싶다'는 목표를 세웠다면, 열다섯 살짜리들 중에 가장 잘하거나, 동네 볼티모어에서 제일 잘하는 수준에 머물렀을 것이다. 하지만 펠프스의 목표는 원대하고 명확했다. 그는 목표 달성에 부합하는 노력을 매일 반복해 목표를 이뤘다.

목표가 없으면 성공도 실패도 없다. 목표라는 기준이 없으면 성공과 실패를 판단하는 것 자체가 불가능하기 때문이다. 목표가 낮으면 낮은 수준의 성과를 얻고, 목표가 없으면 제대로 이루는 것이 없다.

만약 지금까지 내가 이뤄놓은 것이 없다는 생각이 든다면, 내가 무엇을 이룰 것인지 구체적인 목표를 세웠는지 자문해볼 필요가 있다. 성취가 없는 것은 지금까지 쏟은 노력이 부족해서가 아니라 무엇을 달성할지에 대한 목표 정의가 없어서일 수 있다. 에너지가 집중되지 못하면 별로 중요하지 않은 여러 가지 일에 흩어져서 이도 저도 이룰 수 없게 된다.

예를 들어 '멀리 가겠다'는 것은 목표가 될 수 없다. 현재의 지점에서 어디까지가 먼 것인지 분명히 해야 한다. 강남역에서 홍대역까지가 먼 사람이 있고, 강남역에서 제주도까지가 먼 사람이 있고, 강남역에서 뉴욕역까지가 먼 사람이 있고, 강남역에서 북극까지가 먼 사람이 있고, 강남역에서 달까지가 먼 사람이 있다. 강남역에서 열심히 걸어 광화문역에 도착했는데, 제대로 가고 있는 건지, 멀리 온 것이 맞는지 헷갈리는 것은 목표가 측정 가능하지 않기 때문이다. 마음 깊숙이 내가 원하는 것은 분당에 가는 것이었는데, 잘못된 방향으로 열심히 걷고 있을 수도 있다.

목표에 따라 이동 수단도 달라진다. 강남역에서 홍대까지 가려면 지하철이나 버스를 타야 하고, 제주도를 가려면 김포공항에서 국내선 비행기를 타야 하고, 뉴욕으로 가려면 인천공항에서 국제선 비행기를 타야 한다. 북극을 가려면 배를 타야 하고, 달을 가려면 우주선을 타야 한다. 뉴욕에 간다는 목표가 분명하면 뉴욕행 티켓을 예약하면 되지만, 명확하지 않으면 서울에서 지하철을 타고 뱅뱅 돌기만 할 수도 있다.

목표가 높고 원대하다고 두려워할 필요가 전혀 없다. 강남역에서 홍대역으로 가는 것이 뉴욕역으로 가는 것보다 더 쉬운 일이지만, 비행기를 타고 뉴욕에 가서 새로운 세상을 경험하는 것은 지하철을 타고 홍대에 가서 익숙한 광경을 보는 것보다 더 즐거운 일일 수 있다. 우주 비행선을 타고 달에 가는 것은 얼마나 짜릿한 경험이겠는가!

나는 야나두 서비스를 시작하며 '온라인 영어 교육 시장에서 1등이 된다'는 명확한 목표를 세우고, 그 목표를 향해 전진했기에 목표를 달성할 수 있었다. 목표는 어떤 행동이 목표 달성에 부합하는지를 결정하는 기준이 된다. 목표가 분명하면 목표 달성에 필요한 활동을 강화하고, 목표 달성에 불필요한 활동을 제거해나갈 수 있어, 한정된 시간, 돈 등의 자원을 효율적으로 쓸 수 있다. 여러 선택지를 두고 의사 결정을 빠르게 하고 우선순위를 분명히 할 수도 있다. 매일의 활동이 목표 달성에 부합하게 정렬된다. 그 하루하루가 모여 빠르게 남다른 성과를 이루게 한다.

예를 들어 야나두에서 오프라인 학원 사업을 한다면 이는 에너지를 낭비하는 일이다. 온라인에 쏟아야 할 에너지를 목표 달성과 전혀 상관없는 엉뚱한 곳으로 분산시켜서 오히려 목표 달성을 어렵게 만든다. 한편 온라인 개발 인력과 온라인 마케팅 인력을 확충하는 것은 목표를 더 빠르게 달성할 수 있는 좋은 방법이다.

적절한 자원을 투입하여 꾸준히 노력하면 역량이 늘어 더 잘하게 되고, 이는 성과로 이어져 성취감을 느끼게 한다. 반면, 목표에 장애가 되는 활동을 하면 성과가 낮아지고 기분이 나빠진다. 이런 감정적 피드백 덕분에 잘못된 활동을 반성하고 다시 올바른 궤도로 올라탈 수 있다. 목표를 향해 최선을 다하는 경험은 그 과정에서 성장을 이루고 성취감을 느끼게 하기 때문에 과정 자체가 큰 보상이 된다.

## 쓰기만 해도
## 결과가 달라진다

목표를 달성하려면 목표 달성을 진심으로 원하고, 목표 달성이 가능하다고 진심으로 믿어야 한다. 목표에 대한 간절함이 있어야 이룰 수 있다. 목표에 대한 간절함을 가지는 좋은 방법은 목표를 종이에 쓰고 아침 저녁으로 읽어보는 것이다. 목표를 반복해서 읽으면 뇌에서는 목표와 관련된 시냅스를 강화시켜서 목표 달성에 최적화되도록 의식, 마음, 몸을 준비시킨다. 또한 내 목표를 지지해줄 사람에게 목표를 공표하고, 목표 달성의 진척도를 공유하는 것도 효과적이다.

도미니칸 대학의 게일 매튜스 교수는 어떤 방법이 목표 달성률을 높여주는지 조사했다. 연구진은 미국, 벨기에, 영국, 인도, 호주, 일본 등에서 기업가, 교육자, 예술가, 변호사, 마케터, 비영리기관 매니저 같은 다양한 직업을 가진 사람을 대상으로 조사했다. 다섯 그룹으로 나뉜 참가자들은 4주 동안 달성하고자 하는 목표를 설정했고, 연구자들은 4주 후에 그들의 목표가 어느 정도 달성되었는지를 물었다.[1]

참가자들이 속한 다섯 개 그룹은 다음과 같다.

그룹1. 목표를 생각만 했다.

그룹2. 목표를 종이에 썼다.

그룹3. 목표와 실행 계획을 종이에 썼다.

그룹4. 목표와 실행 계획을 종이에 쓰고, 자신을 지지하는 친구에게 알렸다.

그룹5. 목표와 실행 계획을 종이에 쓰고, 자신을 지지하는 친구에게 목표의 진척도를 매주 알렸다.


그 결과, 목표를 생각만 한 그룹(그룹1)보다 목표를 종이에 쓴 그룹(그룹2~5)이 목표 달성도가 월등히 높았다. 목표를 가장 잘 달성한 그룹은 목표 진척도를 친구에게 주기적으로 보낸 그룹(그룹5)이었다.

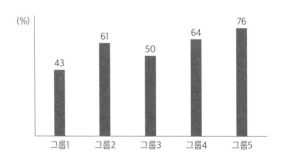

표1  목표 공유별 목표 달성도

성취하는 삶을 살고 싶다면 명확한 목표가 필요하다. 목표를 세웠다면, 목표를 달성할 수 있는 효율적인 방법을 궁리해야 한다. 가장 좋은 방법은 목표를 종이에 써놓고 아침저녁으로 읽으며 되새기고, 목표를 지지하는 그룹을 만들어 목표 진척 과정을 공유하는 것이다.

영국의 한 심리학자는 관절 수술을 받은 환자 가운데 재활 훈련에 실패할 가능성이 높은 환자들을 대상으로 실험을 진행했다. 환자들은 재활에 성공하기 위해서는 운동이 매우 중요하다는 것을 잘 알고 있었다. 환자들에게 수술 후에 반드시 따라야 할 재활 과정을 상세하게 설명한 책자를 나눠주었다. 그 책자의 뒤쪽에는 13페이지의 백지가 있었는데, 백지 위에는 다음과 같은 문구가 쓰여 있었다.

이번 주의 목표는 _____이다.
(무엇을 할 예정인지 정확히 쓰십시오. 예컨대 이번 주에 산책할 예정이면 언제 어디를 산책할 것이라고 쓰십시오.)


심리학자는 실험 참가자들을 두 그룹으로 나눈 다음 한 그룹에게는 목표를 구체적이고 명확하게 쓰게 하고, 다른 그룹에게는 목표를 쓰지 않게 했다. 그리고 석 달 후에 환자의 회복 경과를 확인했다. 그 결과 백지에 계획을 열심히 기록한 환자는 그렇지 않은 환자에 비해 2배나 더 빨리 걷기 시작했고, 3배나 더 빨리 누구의 도움도 받지 않고 휠체어를 타고 내렸다. 혼자 신발을 신고 세탁을 하고 식사 준비를 하는 속도도 더 빨랐다.

심리학자는 환자들이 종이에 어떤 계획을 썼는지 살펴보았다. 한 환자는 '내일 버스 정류장까지 걸어가서 퇴근하는 집사람을 마중할 생각이다'라는 계획을 적은 다음 몇 시에, 어떤 옷을 입고, 어떤 길로 갈 것인지를 썼다. 비가 오면 어떤 옷을 입을지, 통증이 심하면 어떤 약을 먹을지까지 기록했다. 또 다른 환자는 욕실에 갈 때마다 어떤 운동을 할지 꼼꼼하게 써놓았다. 동네를 산책하는 과정을 분 단위로 기록한 환자도 있었다.

심리학자는 계획을 읽으면서 한 가지 공통점을 발견했다. 환자들은 목표를 달성할 때 가장 통증을 느낄 순간을 예상하고, 어떻게 대처할 것인지에 대한 실행 계획까지 마련해둔 것이었다. 계획 없이 산책에 나선 사람들은 고통의 순간이 오면 산책을 포기하고 집으로 돌아오지만, 계획을 세운 그룹은 고통까지도 예상하고는 고통의 순간을 이겨낼 마음의 준비와 대응법까지 준비했기에 산책을 끝까지 해냈다. 산책을 한두 번 실패하면 좌절감에 산책을 시도하는 횟수를 줄이게 되지만, 산책을 한두 번 성공하면 성취감에 산책을 시도하는 횟수를 늘리게 된다. 한 마디로 더 빠른 회복이 가능한 것이다.[2]

# 미래에서 현재로,
# 거꾸로 계획하라

**골리앗을**
**이기는 방법**

야나두는 1위 업체가 이미 시장을 75퍼
센트나 점유한 상황에서 '온라인 영어 교육 시장에서 1등이 되
겠다'는 목표를 세웠다. 무명의 브랜드가 자본력과 브랜드력을
갖춘 업체의 시장점유율을 가져와야 가능한 일이었다.

무모한 목표였지만 2년 만에 이 목표를 달성했다. '만다라트
계획표'가 큰 도움이 됐다.

| 페북 | G9 | 옥션 | 이름을 쉽게 외우면? | 유명 연예인 | 압도적으로 집중적으로 | 희극인 VS 배우 | 파랑 VS 노랑 | 남자 샘 VS 여자 샘 |
|---|---|---|---|---|---|---|---|---|
| 홈쇼핑 | 어디선가 1위 | G마켓 | 도깨비 보는 사람은? | 아는 사람 80% | 지하철 타는 사람은 모두 | 옛날 VS 요즘 | A사 VS 야나두 | 긴 강의 VS 짧은 강의 |
| 네이버 | 위메프 | 티몬 | 폐북 하는 사람은 | IP TV 보는 사람은 | 강남 동선 | 40/50대 VS 20/30대 | PC VS 모바일 | 현강 VS 스튜디오 |
| 주변에 알리고 싶어 | 가르치는 것은 못 하지만 가이드는 할 수 있어 | 그 표현은 콩글리시야 | 어디선가 1위 | 아는 사람 80% | A사 VS 야나두 | 추석에 야나두 이야기 | 인스타에 야나두 | 다른 친구들 태그 |
| 아, 쟤들이 한국 욕 하잖아 | 야 너두 할 수 있어 | 영어권 문화 사람에게는 실례야 | 야 너두 할 수 있어 | 새로운 1위 야나두 | 요즘 어떤 거 들어야 해? 야나두 괜찮은 거 같아! | 어디 다녀왔어? 완강자 파티 | 요즘 어떤 거 들어야 해? 야나두 괜찮은 거 같아! | 유튜버 야나두 이야기 |
| 잠깐만 내가 주문해줄게 | 자, 인사해. 외국인 친구 풀이라고 해 | 지나가는데 외국 사람 보면 말 걸고 싶어 | 이번에는 성공했어 | 야나두로 영어 끝 | 영어는 자주 하면 된다 | 영어 어떻게 하면 돼? | 집에 갔더니 예쁜 책이 보인다. 뭐야? | 커뮤니티에서 야나두 |
| 내 생애 첫 장학금 | 끝까지 다 받았어 | 이번 주 일요일 영국 다녀올게 (완강자 파티) | 1년에 77일 이상 무한 연장 | ABC도 몰라도 돼 | 애니메이션으로 재밌게 배우고 싶은데 | 가르친다 VS 동기 부여 | 짧게 자주 | 습관 형성 |
| 안 돼, 나 야나두 들어야 해 | 이번에는 성공했어 | 외국인이 두렵지 않아다 들려 | 난 너무 바쁜데 | 야나두로 영어 끝 | 요즘 미국에서는 어떤 영어 써? | 페인 포인트 | 영어는 자주 하면 된다 | 장학금 |
| 아, 어제 빼먹은 것 너무 싫다 | 선생님이 날 기다리고 있어 | 같이 공부하는 사람들 보면 나도 해야겠다는 생각이 들어 | 중국어도 배워야 하지 않을까? | 혼자서 하면 잘 안 돼 | 여행 갈 때 잘했으면 좋겠어 | 학습 여정 관리 | 완강자 파티 | 1대 1 케어 |

표2  야나두가 사업 초기 작성한 만다라트 계획표

만다라트 계획표는 일본인 야구선수 오타니 쇼헤이가 작성한 것으로 알려지면서 유명해졌다. 오타니 쇼헤이는 현재 미국 메이저리그인 LA에인절스에서 투수와 타자로 활약하고 있다. 오타니 쇼헤이는 2016년에 일본 프로야구사상 처음으로 두 자릿수 승리, 100안타, 20홈런을 달성했으며, 같은 해 일본 야구 최고 구속인 시속 165킬로미터를 기록했다. 2018년에 메이저리그에 진출해 그해 신인왕으로 선정되었다.

오타니 쇼헤이는 고등학교 1학년 때 3년 후를 계획했다. 고등학교를 졸업하고 프로에 입단할 때 '여덟 개 구단 드래프트(신인 선수 선발)에서 1순위 지명'을 받겠다는 목표를 세웠던 것이다.

그는 1순위로 지명받기 위해서는 여덟 가지(몸, 제구, 구위, 스피드, 변화구, 운, 인간성, 멘탈)를 갖추어야 한다고 생각했다. 체력과 야구 실력뿐만 아니라 인간성, 멘탈, 운도 필요하다고 봤다. 운이 따르는 사람이 되려면 쓰레기도 줍고, 심판에게 인사도 잘하고, 물건을 아껴 써야 한다고 생각했다.

오타니는 목표를 달성하기 위해 매일 실천해야 하는 예순네 가지 실천 계획을 세우고는 매일 몸을 관리하고, 멘탈을 다잡고, 하체를 강화하는 등의 노력을 통해 실력을 쌓았다. 고교 시

| 몸 관리 | 영양제 먹기 | 프런트 스쿼트 90kg | 인스텝 개선 | 몸통 강화 | 축 흔들지 않기 | 각도를 만든다 | 위에서부터 공을 던진다 | 손목 강화 |
|---|---|---|---|---|---|---|---|---|
| 유연성 | **몸 만들기** | RSQ 130kg | 릴리즈 포인트 안정 | **제구** | 불안 없애기 | 힘 모으기 | **구위** | 하반신 주도 |
| 스태미나 | 가동역 확대 | **식사 저녁 7숟갈 아침 3숟갈** | 하체 강화 | **몸을 열지 않기** | 멘탈 컨트롤 | 볼 앞에서 릴리즈 | 회전수 증가 | 가동역 확대 |
| 뚜렷한 목표·목적 | 일희일비 하지 않기 | 머리는 차갑게 심장은 뜨겁게 | **몸 만들기** | **제구** | **구위** | 축 돌리기 | 하체 강화 | 체중 증가 |
| 위기에 강하게 | **멘탈** | 분위기에 휩쓸리지 않기 | **멘탈** | **8구단 드래프트 1순위** | **스피드 160㎞/h** | 몸통 강화 | **스피드 160㎞/h** | 어깨 주변 강화 |
| 마음의 파도를 안 만들기 | 승리에 대한 집념 | 동료를 배려하는 마음 | **인간성** | **운** | **변화구** | 가동역 확대 | 라이너 캐치볼 | 피칭 늘리기 |
| 감성 | 사랑받는 사람 | **계획성** | 인사하기 | 쓰레기 줍기 | 방 청소 | **카운트볼 늘리기** | 포크볼 완성 | 슬라이더 구위 |
| 배려 | **인간성** | 감사 | 물건을 소중히 쓰자 | **운** | 심판을 대하는 태도 | 늦게 낙차가 있는 커브 | **변화구** | 좌타자 결정구 |
| 예의 | 신뢰받는 사람 | 지속력 | 긍정적 사고 | 응원받는 사람 | 책 읽기 | 직구와 같은 폼으로 던지기 | 스트라이크 볼을 던질 때 제구 | 거리를 상상하기 |

표3  오타니 쇼헤이가 작성한 만다라트 계획표

절에 웬만한 프로 선수도 던지기 힘든 시속 160킬로미터의 구속을 기록했다. 아마추어 사상 최고 속도였다.

목표한 3년 후에 오타니 쇼헤이는 미국 메이저리그 구단에서 입단 제의를 받아 "일본 프로야구에 대한 동경도 있지만 미국 프로야구에 대한 동경도 컸다"며 미국행을 결정했다.

하지만 교섭권을 가진 닛폰햄이 "오타니에게는 정말로 미안하지만 1순위 지명을 하겠다"라며, 오타니 쇼헤이를 꼭 영입하겠다는 의지를 불태웠다.

오타니가 제안을 거절하자 닛폰햄은 30페이지에 달하는 오타니 육성 계획을 준비해 와 설득 끝에 그를 영입했다. 오타니 쇼헤이는 단순한 1순위 지명이 아니라 삼고초려를 통해 모셔가는 1순위가 됐다. 그야말로 1순위를 뛰어넘는 1순위가 되었던 것이다.

닛폰햄에 입단한 뒤에도 오타니의 만다라트 계획표는 계속됐다. 1년 차에 '투수로서 5승을 던진다'는 목표를 세우고 다시 64개의 실천 계획을 작성했다.

## 만다라트 계획표
## 쓰는 법

만다라는 본질Manda의 소유la를 의미한다. 우주의 덕을 망라한 진수를 표현하는 불교 그림이기도 하다. 1200년 전에 부처의 제자들이 개발했다. 만다라트는 만다라의 정신과 표상을 본떠 일본 디자이너가 만든 목표 계획법이다. 핵심 목표를 달성하기 위한 여덟 가지 세부 목표, 예순네 가지 실행 계획을 작성하는 계획법이다. 한 가지 큰 사건이 생기기 위해서는 여덟 가지 사건과 예순네 가지 징후가 일어나야 하는 것처럼, 하나의 목표를 달성하는 데는 예순네 가지의 활동이 필요하다.

만다라트 계획표를 작성하는 방법은 다음과 같다.

1단계. 이루고자 하는 핵심 목표를 정하고 가장 중심에 쓴다. 단, 핵심 목표는 측정 가능해야 한다.

2단계. 핵심 목표를 달성하기 위해 이뤄야 하는 여덟 가지 세부 목표를 쓴다.

3단계. 각각의 세부 목표를 달성하기 위해 필요한 여덟 가지 실행 계획을 쓴다.

이렇게 만들어진 64개의 실행 계획이 하루의 루틴을 구성한다. 루틴은 반복적인 행동으로서 습관으로 장착돼 의식하지 않아도 자동적으로 하게 되는 규칙적인 활동이다. 원대한 목표와 이를 달성하기 위한 예순네 가지 루틴 리스트가 있으면, 목표와 하루 일과가 완전히 통합된다. 목표 달성에 최적화된 하루를 계획하고 실천해나갈 수 있다. 목표는 뉴욕에 가는 것인데, 일본어 공부에 가장 많은 시간을 쏟는 비효율을 제거할 수 있다.

만다라트 실행 점검표를 만들어 예순네 가지를 어떻게 실행하고 있는지 매일 점검하는 것이 중요하다. 매일 만다라트 계획표를 확인하면 반복을 통해 목표를 단기 기억에서 장기 기억으로 옮겨놓을 수 있다. 이렇게 목표를 잠재의식 깊숙이 장착해놓아야 목표가 흐지부지되지 않고 생생하게 내 안에서 살아 움직이게 된다. 또, 매일 만다라트 실행 점검표를 확인하면 목표와 행동 간의 일치를 이룰 수 있다. 하루를 알차게 잘 보냈다는 기준이 잡힌다. 오늘 더 했어야 하는데 못 한 것과, 하지 않았어야 하는데 한 행동을 반성하고 개선해나갈 수 있다.

처음에는 루틴을 만드는 것이 다소 어려울 수 있지만, 일단 루틴이 되기만 하면 의식하지 않고도 물 흐르듯 자연스레 일상적으로 할 수 있게 된다. 목표 지향적인 일상을 반복하면 오늘에 대한 만족감, 내일에 대한 기대감, 성취감, 자존감, 자신감도 높아진다.

목표는 원대한데 목표를 어떻게 달성해야 할지 모르는 사람이 많다. 비벌리힐스 대저택에 사는 자신의 모습을 상상하지만, 이를 어떻게 달성할지에 대한 계획은 없다. 현재의 초라한 현실에 주눅 들어 자신이 할 수 있는 최대치가 아니라 적당한 수준의 목표를 세우는 사람들도 있다. 계획을 세우는 법을 모르기 때문이다.

상위 목표를 세웠으면, 이를 가능하게 하는 중간 단계의 목표를 세워야 한다. 또 중간 단계의 목표를 가능하게 하는 하위 수준의 실행 계획을 세워야 한다. 계획 세우는 방법을 배우고, 실행 계획을 루틴으로 실행하고, 루틴 실행 여부를 점검하면 누구나 목표를 달성할 수 있다. 인생에서 무언가를 이루고 싶다면, 계획을 세우고 점검하는 시간을 반드시 가져야 한다.


## 1000억 버는 법은
## 1억 버는 법을 찾는 것이다

계획을 잘 세우려면 두 가지를 염두에

두어야 한다. 첫째는 역순으로 생각하는 것, 둘째는 구조화하는 것이다.

여행 계획을 생각하면 이해하기 쉽다. 여행 계획을 세울 때 '나는 지금 당장 태국에 갈 수 있을까?'라고 생각하지 않는다. '나는 2021년 12월에 태국 여행을 가야겠다'라고 여행지와 여행 일정을 먼저 정한다. 태국 여행을 하는 행복한 내 모습을 상상하며 어디에서 무엇을 볼지 상세한 계획을 세운다. 여행지 정보를 탐색하고 먼저 여행을 다녀온 사람들에게 물어보기도 한다. 일정에 맞게 예산을 잡고, 비행기 표를 예약한다. 예산이 부족하면 아르바이트 계획을 세운다. 그러고는 현재로 돌아와 아르바이트를 해서 예산을 마련하고 여행 일이 되면 공항 리무진 버스를 타고 공항에 가서 예약한 비행기를 타고 태국에 가서 계획대로 여행을 즐긴다.

계획과 실행은 반대 순서로 진행된다. 가장 먼 목표를 앞에 두고 역순으로 계획을 세워서 현재에 다다르면, 현재에서부터 하나씩 단계별로 실행해 목표 달성에 다다르는 것이다. 그런데 인생의 목표를 정할 때는 많은 사람들이 여행지도 정하지 않고 공항 리무진 버스 시간표를 먼저 확인하는 식으로 계획을 세운다.

'내가 1000억 원을 벌 수 있을까?'라고 생각하면 막막하다.

지금 가진 자원과 역량으로는 턱도 없기 때문이다. 현재에서 미래로 나아가는 방식으로 계획을 세우면 원대한 목표를 달성할수 없다. 큰 목표에 겁을 먹고 '역시 나는 안 돼'라고 포기한다. 성공한 사람과 나는 태생부터 다르다며 핑계를 댄다. 또는 목표를 100분의 1로 낮춰서 10억 원을 인생의 최고 목표액으로 잡는다.

목표와 계획은 역순이어야 한다. '2050년에 자산 1000억 원의 부자가 되겠다'는 목표를 세우면, 일단 '2050년에 이미 나는 1000억 원을 가졌다'고 생각해야 한다. 그리고 '나는 1000억 원을 가졌다. 어떻게 가졌지?'라고 물어야 한다. '2040년에 500억 원을 가졌다. 2040년에 어떻게 500억 원을 가졌지? 2030년에 100억 원을 가졌다. 2030년에 어떻게 100억 원을 가졌지? 2025년에 10억 원을 가졌다. 2025년에 어떻게 10억 원을 가졌지? 2021년에 1억 원을 가졌다. 어떻게 가졌지?' 이렇게 생각을 이어나가다가 2021년에 1억 원을 마련할 상세 계획을 세워야 한다.

1000만 원을 가진 사람이 1000억 원을 만들기는 어렵지만, 1억 원을 만들 수는 있다. 1억 원을 만든 사람은 10억 원을 만들 수 있다. 10억 원을 만든 사람은 100억 원을 만들 수 있다. 100

억 원을 만든 사람은 500억 원을 만들 수 있다. 500억 원을 만든 사람은 1000억 원을 만들 수 있다. 그렇게 1000억 원의 목표가 달성된다.

처음부터 1000억 원을 바로 만들 계획을 세울 수는 없다. 현재 시점에서는 1000억 원을 만들 자원, 경험, 역량, 정보, 네트워크 등이 턱없이 부족하기 때문이다.

일단 1억 원을 만들 계획과 그만큼의 자원, 경험, 역량, 정보, 네트워크가 있으면 된다. 일단 1억 원을 만들면 그 과정에서 쌓인 역량을 바탕으로 다음 단계로 나아갈 수 있다. 1억 원을 만드는 동안 쌓인 자원, 경험, 역량, 정보, 네트워크가 10억 원을 가능하게 해주기 때문이다.

대부분의 사람들은 급하다. 당장 1000억 원을 갖고 싶은데 그것이 안 되니 좌절한다. 멀리 보면서 단계를 쪼개고, 단계별 항로를 만들어야 한다.

성공한 사람들의 사고는 현재에서 미래로 나아가지 않고, 미래에서 현재로 내려온다. 미래에 1000억 원이 만들어지려면 어떤 선제 조건들이 이루어져야 하는지를 생각한다. 연간 목표를 달성하기 위해 이번 달에 무엇을 꼭 해야 하는지를 계획한다. 월간 목표를 달성하기 위해 이번 주에 꼭 해야 하는 것이 무엇인지 계획한다. 주간 목표를 달성하기 위해 오늘 꼭 해야 하는 것이 무엇인지 계획한다. 그리고 오늘 꼭 해야 하는 일을 오늘 반드시 해낸다.

# 하루 1퍼센트,
# 작은 성공이 운명을 바꾼다

시작하는 가장 쉬운 방법은
말하는 것을 멈추고 일단 하는 것이다.

# 1퍼센트가 1년 쌓이면 37배 성장한다

## 새해 계획의 성공률
## 8퍼센트

인생의 원대한 목표를 세웠다. 그 목표를 달성하기 위해 무엇을 해야 하는지 구조화된 계획도 있다. 성공하려면 목표와 하루 일과가 일치해야 한다는 것도 이해했다. 하지만 대부분의 사람들은 가장 중요한 오늘의 실행이 제대로 되지 않는다는 문제에 봉착한다. 살을 빼려면 건강한 음식을 적당히 먹고 운동량을 늘려야 한다는 것은 알지만, 패스트푸드를 먹고 운동하지 않는 일상은 전혀 바뀌지 않는다. 하루의 일상이 바뀌지 않으면 목표 달성은 불가능하다.

매년 새해가 되면 새벽 5시 기상, 운동, 식단 관리, 명상, 외국어 공부, 금연, 금주, 연봉 인상, 연애, 결혼 등 전 세계인의 마음 속에 새로운 포부와 계획이 가득 찬다. 하지만 미국의 시장 분석 기관인 통계브레인조사연구소SBRI의 조사에 따르면 새해 결심이 성공할 확률은 8퍼센트밖에 되지 않는다고 한다. 100명이 결심하면 그중 여덟 명만 목표 달성에 성공한다는 것이다. 그리고 다음 해가 되면 지난해와 똑같은 새해 결심이 다시 등장하고 또 실패한다. 다음 해가 되면 또 같은 패턴이 반복된다.

아인슈타인은 말했다. "같은 행동을 반복하면서 다른 결과를 기대하는 것은 미친 짓이다"라고. 하지만 다른 결과를 기대하면서도 같은 행동을 반복할 수밖에 없는 것은 뇌가 변화를 거부하기 때문이다. 뇌는 변화를 싫어한다. 인간은 야생의 환경에서 생존하며 진화해왔기 때문에 뇌는 변화를 생존에 대한 위협으로 인지한다.

모든 포유류의 뇌에 있는 편도체는 감정을 조절하고 공포와 불안에 대한 학습과 기억에 중요한 역할을 한다. 위기 상황에는 편도체의 경고 메커니즘이 작동해 두려움을 느낀다. 뇌 기능은 느려진다. 사자가 어슬렁거리는 상황에서는 이성적인 사고나 창의적인 생각이 불가능하다. 당장 젖 먹던 힘까지 끄집어내 최대한의 속도로 달아나야 하는 것이다.

이런 시스템은 포유류의 생존율을 높이는 데 지대한 역할을 했지만, 인간이 스스로 변화하는 데에는 장애가 된다. 변화가 클수록 두려움이 커지면서 있는 힘껏 달아나거나 공격하고 싶어지기 때문이다. 두려움에 사로잡히면 변화 시도는 묵살된다. 때문에 일상을 바꾸려면 편도체가 놀라지도 두려워하지도 않도록 매우 천천히 움직여야 한다. 뇌가 변화를 인지하지 못할 정도로 아주 작게 변해야 한다.[1]

행동이 일어나기 위해서는 마음에 주저함이 없어야 한다. 하루 10분도 제대로 걷지 않는 사람이 갑자기 하루 한 시간 뛰기 같은 계획을 세우면 마음에 주저함이 생긴다. '내가 할 수 있을까?', '너무 힘들진 않을까?', '운동을 해도 다이어트 효과가 없으면 어떡하지?' 등과 같은 걱정과 두려움이 생긴다. 스트레스 호르몬 수치가 높아지고 우울해진다. 그래서 '오늘은 너무 피곤하니까 내일 하자', '오늘은 시간이 없어' 등과 같이 핑계를 대고 하루하루 미룬다. 그리고 이번에도 작심삼일이 반복된다.

UCLA와 워싱턴 의과대학의 로버트 마우어 교수는 아주 작은 변화를 통해 습관을 바꾸는 것을 '스몰 스텝Small Step' 기법이라고 부른다. 그의 환자 줄리는 두 아이를 키우는 이혼녀였다. 하루하루 엄청난 스트레스로 고혈압, 만성 피로, 우울증, 비만을 겪고 있었다. 눈 밑에는 짙은 다크 서클이 드리워져 있었다. 건강을 되찾으려면 일주일에 다섯 번 한 시간씩 운동하는 것이 최선의 방법이지만, 로버트 교수는 그것이 지금 당장은 불가능하다는 것을 잘 알았다. 당장 운동해야 한다는 말을 듣고 실제로 운동하는 환자는 극소수에 지나지 않기 때문이다. 워킹맘인 줄리 역시 일하면서 두 아이를 키우려면 소파에 30분 동안 앉아 쉴 시간도 없을 것이다. 로버트 교수는 그녀에게 운동하라고 하는 대신 "하루에 1분씩 텔레비전 앞에서 걸어보시는 건 어떠세요?"라고 제안했다. 줄리는 환하게 웃으면서 "그 정도라면 할 수 있지요"라고 말했다.

다음 진료 때 줄리는 매일 밤 텔레비전 앞에서 1분 정도 걷는다고 말했다. 작은 성공을 이뤘다는 성취감과 자신감이 느껴졌다. 줄리는 과거에 건강 문제로 다른 병원을 다닌 적이 있었다. 당시 의사는 줄리에게 강도 높은 운동을 권했지만, 그녀는 자신이 없었기에 의사를 실망시키지 않으려고 운동을 시도조차 하지 않았다. 게다가 의사의 지시를 따르지 않았다는 자괴감 때문에 병원을 다니는 것을 그만두고는 TV를 보며 정크푸드를 먹는 일상생활을 지속했다.

하지만 이번에는 달랐다. 의사의 지시 사항을 이뤄냈다는 기뿜으로 병원을 찾은 줄리는 "하루에 1분씩 더 할 수 있는 게 또 뭐 없을까요?"라고 물었다. 그렇게 아주 천천히 그리고 조금씩 운동 시간을 늘렸고, 몇 달 후에 줄리는 좀 더 체계적인 운동을 하고 싶어했다. 그래서 본격적으로 유산소 운동을 시작했고, 운동은 그녀의 습관으로 자리 잡았다.[2]

## 마법의
## 2분 규칙

인생의 목표를 세울 때는 가능한 최대치를 정하는 것이 잠재력을 발현해나가는 좋은 방법이다. '내가 잠재력을 최대한 발휘한다면 인생에서 최대한으로 벌 수 있는 돈이 얼마일까?'라고 질문할 수 있다. 하지만 실행 단계에서는 정반대다. 가능한 최소한의 크기로 실행을 시작해야 한다. 반드시 성공할 수밖에 없도록 작은 질문을 던지고 100퍼센트 실행 가능한 답을 찾아야 한다. 인생의 목표는 1000억 원의 자산가가 되는 것이라도, 오늘의 삶에서는 '오늘 1000원을 아끼려면 무엇을 해야 할까?'라는 작은 질문을 던지고 그에 맞는 작은 답을 찾아야 한다. 아메리카노 라지 사이즈를 주문하는 대신 스몰 사이즈를 주문하는 것처럼 최소한의 변화를 꾀해야 한다. 그래야 실제 행동으로 이어져서 원하는 변화를 만들어갈 수 있다. '오늘 1000원을 아끼려면 무엇을 해야 할까?'라는 질문은 가볍고 재미있고 쉽다. 때문에 이런 질문을 반복하면 뇌는 이 질문을 넣어두고 계속 생각한다. 그리고 아이디어를 쏟아낸다. 이런 작은 실천들이 모여 큰 변화가 만들어진다.

《아주 작은 습관의 힘》의 저자인 제임스 클리어는 어떤 일을 새로 시작할 때 '2분 규칙'을 사용하라고 조언한다. 새로운 습관을 만들 때는 그 일을 2분 이하로 하라는 것이다. 매일 밤 잠들기 전에 책을 읽는 습관을 가지고 싶다면 잠들기 전에 2분만 책을 읽고, 매일 운동을 하고 싶다면 2분 동안 운동복을 입고 운동화 끈을 묶은 다음 집 밖으로 나갔다가 다시 들어오고, 외국어를 잘하고 싶다면 매일 2분 동안만 외국어 단어를 외우고, 매일 명상을 하고 싶다면 2분 동안 눈만 감고 있으라는 것이다. 새로 시작하는 일이 진지하게 노력해야 하는 일로 다가오기 직전에 멈추는 것이 핵심이다. 만약 처음부터 한 시간 동안 하려고 하면 아예 시도조차 하지 못하게 되지만, 2분 동안 하면 시작이라는 가장 중요한 관문을 넘을 수 있다. 또한 이것은 목표로 하는 하나의 행동을 시작하는 하나의 의식으로 자리 잡는다.

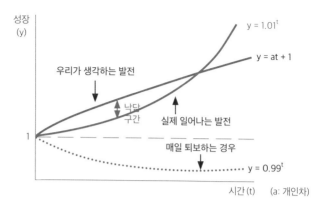

표4 　매일 1퍼센트 성장 그래프[3]

이 의식만 자리 잡으면 그다음은 일사천리다. 2분의 시간이 익숙해지면 부담감이 전혀 들지 않을 정도로 아주 조금씩 시간을 늘려가는 것이다.

　습관이 완전히 내 것으로 정착되었다면 하루 몇 시간의 노력도 즐겁게 할 수 있지만 아직 기본기도 갖춰지지 않은 초기에는 맛을 보는 것만으로도 충분하다. 초보일 때부터 너무 잘하려고 애쓰면 지치고 낙담하고 포기하게 된다. 오히려 가볍고 재미있게 다양한 시도를 해보면서 즐기는 것이 좋다. 흥미가 계속 자라날 수 있도록 흥미로운 경험을 반복하여 잘하고 싶은 분야의 관심이 사그라들지 않도록 관리해야 한다.

제임스 클리어는 아주 작게 시작해서 습관을 복리로 키워나가라고 조언한다. 매일 1퍼센트씩 성장한다면 1년 후에는 37.78배 성장할 수 있다. 하지만 매일 1퍼센트씩 퇴보한다면 1년 후에 그 능력은 거의 사라진다. 처음에는 작은 성과지만 매일 누적되면 그 결과는 눈덩이처럼 커진다. 1년에 37배 성장이지만, 그것이 5년, 10년 동안 반복되면 세계 1등도 가능해진다.[4]

## 1퍼센트 복리 성장의 놀라운 힘

방탄소년단은 한국 가수 최초로 빌보드 싱글 차트 1위라는 역사적인 기록을 세웠다. 2013년에 데뷔한 가수가 7년 만에 세계 1위가 된 것에는 매일 1퍼센트의 성장이 큰 역할을 했다고 생각한다. 브랜드력도 자본금도 변변치 않은 소형 엔터사 소속이었던 방탄소년단은 TV에 자주 출연하기도 어려웠고 대대적인 기획을 선보이기도 어려웠다. 대신 팬들과 SNS로 직접 소통하는 방식을 선택했다. 트위터와 유튜브 등 SNS에 사진, 영상, 짧은 글을 올리며 꾸준히 소통해 팬들과 친구처럼 가까워졌다. 팬들은 이들을 '혜자소년단'이라 부른다. 인심 좋고 가성비가 좋다는 의미의 신조어 '혜자'가 별명에 붙은 이유는 비활동 기간에도 팬들과 직접 소통하며 다양한 콘텐츠를 제공하기 때문이다. 활동 기간과 비활동 기간에 구애받지 않고 꾸준하게 소통한 효과는 복리로 나타났다. 팬층은 기하급수적으로 성장해 이제 하나의 거대 글로벌 커뮤니티가 됐다. 방탄소년단은 팬들과 쌍방향 소통을 하고, 방탄소년단 팬클럽 아미Army는 팬들끼리 서로 소통하며, 글로벌 팬 커뮤니티에서 공동체의 기쁨을 느낀다. 매일 SNS에 콘텐츠를 올리는 습관이 누적되어 복리로 돌아온 성과였다.

방탄소년단의 팬은 꾸준히 늘어났지만 방탄소년단 입장에서는 초기에 매일 SNS에 새로운 영상을 올리는 노력에 비해 팬의 증가 속도가 빠르지 않다고 느꼈을 수도 있다. 노력에 비해 성장의 기대치와 실제 성장 속도 사이에 차이가 나는 일이 많다. 한 달 동안 매일 달리기를 했는데도 살은 거의 빠지지 않았다거나, 매일 30분씩 명상을 하는데도 마음이 여전히 어지럽다거나, 매일 유튜브에 동영상을 올리는데도 팬 수는 늘지 않을 수 있다. 제임스 클리어는 이것을 '낙담의 골짜기'라고 부른다. 대나무는 처음 5년간 땅속의 광범위한 지역에 뿌리를 내린다. 그동안에는 대나무의 성장이 거의 눈에 띄지 않지만, 이후에는 6주

만에 지상 30미터 높이로 자라난다. 이처럼 습관 역시 한계점에 도달해서 새로운 성과가 날 때까지는 별반 달라진 것이 없는 것처럼 느껴질 수 있다. 기대에 비해 성과가 미미한 낙담의 시간을 버텨내는 것이 매우 힘들기 때문에 의미 있는 성과를 내는 사람이 적다. 겉으로는 아무 일도 일어나지 않는 동안에도 습관을 반복하면 어느 순간 천지가 개벽하고 세상은 당신이 하룻밤 사이에 성공했다고 말한다. 방탄소년단이 위대한 가수로 발돋움한 것은 좋을 때나 힘들 때나 매일 1퍼센트의 복리 성장을 누적해온 덕분이다.

복리 성장은 대한민국의 성장 과정을 돌아보면 더 이해하기 쉽다. 대한민국은 1945년 해방했으나 한국은행이 1950년 6월 12일에 업무를 시작한 지 13일 만에 전쟁이 일어나 국가 통계는 1953년부터 작성되었다. 1953년에 한국은 13억 달러의 GDP(국내총생산)를 기록하며, 글로벌 최빈국 중 하나에 들었다. 하지만 2018년 GDP는 1조 6190억 달러로 1245배 성장했다. 전 세계에서 한국의 경제 순위는 지난 70년간 매년 약 2단계씩 높아질 정도로 꾸준하게 성장해왔다. 한국이 1200배 성장하는 70년의 시간 동안 성장을 거의 이루지 못한 나라도 많다.

세계는 세계 역사상 유례없는 대한민국의 고도성장을 한강의 기적이라 부른다. 기적 같은 성장을 이룬 비결은 어제보다 나은 오늘을 만들기 위해 매일 근면하게 공부하고 일하며 노력하는 한국인의 습관에 있다.

세계적인 정치 석학인 새뮤얼 헌팅턴은 2001년에 펴낸《문화가 중요하다》에서 한국에 대해 이렇게 평했다. "1990년대 초, 나는 1960년대 당시 한국과 가나의 경제 상황이 아주 비슷했다는 사실을 발견하고서 깜짝 놀랐다. 이런 엄청난 발전의 차이를 어떻게 설명할 수 있을까? 여러 가지 요인이 작용했겠지만 내가 보기론 문화가 결정적 요인이다. 한국인들은 검약, 투자, 근면, 교육, 조직, 기강, 극기 정신 등을 하나의 가치로 생각한다. 가나 국민들은 다른 가치관을 갖고 있다."

문화는 곧 집단에 소속된 사람들이 갖는 공통의 습관이다. 한국은 좋은 습관이 누적되었을 때의 효과를 증명하는 산증인이다. 좋은 습관은 1960년대와 2020년대 대한민국의 GDP 차이만큼 강력한 힘이 있다.

# 운명을 바꾸고 싶다면
# 핵심 습관을 바꿔라

**성공이 체질인**
**사람들**

　　　　　인생은 굉장히 뻔하다. 운명은 다 정해져 있고, 어떤 운명을 살지는 내가 선택할 수 있다. 나는 뚱뚱한 김민철이다. 5년 전에는 날씬한 김민철이었다. 3년 전부터 사업에만 몰두하느라 식단 관리를 하지 않고 운동도 하지 않았다. 그래서 3년 후에 나의 운명은 뚱뚱한 김민철이 된 것이다. 내가 선택한 내 운명이다.

　담배를 피우면 폐가 나빠지고, 패스트푸드를 많이 먹으면 심혈관이 나빠지고, 달리기를 오래하면 폐활량이 좋아지는 것은 자신이 운명을 선택하는 하나의 방식이다.

운명을 바꾸려면 습관을 바꾸면 된다. 밥을 먹고 나면 이를 닦는 것처럼 처음에는 훈련이 필요하지만 익숙해지면 더는 의식하지도 힘들이지도 않고 자연스럽게 하게 되는 행동이 습관이다. 습관을 만드는 것은 굉장히 어렵지만, 형성된 습관을 유지하는 것은 굉장히 쉽다. 한번 습관이 되기만 하면 매일 새벽 한 시간씩 조깅하는 굉장한 일을 별 어려움 없이 자동적으로 해낼 수 있다.

1990년대 초 MIT 연구자들은 쥐들이 수십여 가지의 일상적인 활동을 할 때 머릿속에 어떤 반응이 일어나는지 실험했다. 뇌의 변화를 측정할 초소형 전자 장비를 실험용 쥐들의 두개골에 삽입한 다음 쥐들을 T자 모양의 미로에 놓았다. 미로의 왼쪽 끝에는 초콜릿이 있었다. 딸깍 소리가 나면 칸막이가 열리고 쥐는 T자 미로로 들어갈 수 있었다.

초콜릿 냄새를 맡은 쥐들은 코를 킁킁대며 벽을 긁어댔다. 초콜릿을 찾기 위해 이리저리 헤매기를 반복했다. 미로 끝에서는 오른쪽으로 길을 잘못 들어서기도 했다. 쥐들은 저마다 다른 패턴으로 오락가락하다가 마침내 대부분이 미로 왼쪽 끝에 있는 초콜릿을 찾아냈다. 미로에 들어선 쥐들의 뇌는 매우 활발하게 움직였다. 냄새를 맡으려고 킁킁거리거나 벽을 긁을 때 뇌의 활동이 폭발적으로 증가했다.

연구진은 같은 실험을 반복하면서 쥐들이 똑같은 길을 수백 번 다닐 때 뇌 활동의 변화를 관찰했다. 실험이 반복되자 쥐들은 냄새를 맡기 위해 코를 킁킁대지도 않고 엉뚱하게 오른쪽으로 가지도 않았다. 미로에 들어서면 주저 없이 미로 끝 왼쪽에 있는 초콜릿을 찾아냈다. 뇌의 활동은 서서히, 하지만 현저히 줄어들었다. 정보를 처리하고 의사 결정을 하는 뇌 활동이 중단되었다. 쥐들은 초콜릿을 찾아가는 가장 빠른 길을 기억만 하면 됐기 때문이다. 실험이 좀 더 반복되자 기억과 관련된 뇌 부위까지 조용해졌다. 쥐들은 굳이 기억에 의존할 필요가 없을 정도로 미로에서 초콜릿 찾는 방법을 내면화했다.[5]

익숙하지 않은 새로운 일에 적응하려면 뇌는 많은 정보를 처리하기 위해 쉬지 않고 움직인다. 하지만 일단 익숙해지고 나면 뇌는 활동을 거의 하지 않고도 쉽게 행동을 처리할 수 있다. 몸이 자동으로 움직이는 것이다. 아침에 눈을 떠서 이부자리를 정리하는 것이 습관이 된 사람은 아침에 눈을 뜨면 아무 생각을 하지 않아도 몸이 자동으로 이불을 정리한다. 늘 가던 길을 운전하면 별생각 없이 깜박이를 켜고 좌회전을 하고 브레이크를 밟는다.

어릴 때에는 잘해내기 위해 최선을 다해도 잘하지 못했던 많은 것들을, 어른이 되고 나면 하고 있다는 의식도 없이 반사적으로 해낼 수 있게 된다. 어릴 때에는 어떻게 그걸 하지 못했는지 이해도 기억도 하지 못한다. 식사 시간, 식사량, 잠자는 시간, 기상 시간, 걸음걸이, 앉는 자세, 돈을 쓰는 방식, 저축하는 방식, 관계를 맺는 방식 등 일상의 많은 것들은 이미 습관화된 패턴대로 움직인다.

성공한 사람들은 대부분 좋은 습관에 길들여져 있다. 별 노력 없이도 성공에 도움이 되는 행동들을 매일 반복적으로 해나가는 것이다. 그래서 성공한 사람은 성공을 쉽게 반복한다.

## 중요한 것은
## '핵심 습관'이다

새로운 습관이 형성되면 옛 습관을 담당하던 신경계의 패턴이 새로운 패턴으로 바뀐다. 습관이 바뀌면 뇌 구조도 바뀌는 것이다. 이 새로운 신경망 덕분에 한 번 습관이 정착되면 아주 쉽게 원하는 행동을 지속해나갈 수 있다.

현재 당신에게 스스로도 마음에 들지 않는 좋지 못한 습관,

혹은 새로 만들고 싶은 습관이 있다고 가정해보자. 바꾸고 싶은 습관이 많다고해서 한번에 다 바꾸고자 한다면 성공할 수 없다. 앞서 설명했듯이 변화가 크면 클수록 뇌는 강력하게 저항한다. 아주 작은 것부터 하나씩 바꿔나가야 한다. 그런데 습관마다 영향력의 크기가 다르다. 하나의 습관을 바꾸면 다른 모든 것이 쉽게 바뀌는 '핵심 습관'이 있다. 핵심 습관을 선택하여 집중적으로 바꿔야 효율적으로, 성공적으로 삶을 재구성할 수 있다.

핵심 습관 가운데 대표적인 것이 운동이다. 일주일에 한 번씩이라도 운동을 하면, 식습관이 좋아지고, 생산성이 높아진다. 담배를 덜 피우고, 타인에 대한 인내심이 깊어진다. 신용카드를 절제해서 사용하고, 스트레스를 덜 받는다. 한편, 저녁 식사를 함께하는 습관을 가진 집안에서 자란 아이들은 숙제하는 능력이 뛰어나고, 성적이 좋으며, 감정 조절을 잘하고, 자신감이 넘친다.

다이어트는 어떨까? 체중을 감량하기 위해 바꾸어야 하는 일상적 습관은 많다. 채소를 충분히 먹고, 물을 자주 마시고, 패스트푸드를 먹지 않고, 엘리베이터 대신 계단을 이용하고, 헬스장에 등록해 운동을 해야 한다. 하지만 이 모두를 해내는 사람은 거의 없다. 대부분 처음에는 시도를 하지만 며칠 지나지 않아 원래 습관으로 되돌아간다.

2009년 미국 연구진은 1600명의 비만자를 모집해서 일주일에 최소 하루만이라도 먹은 것을 빠짐없이 기록해보게 했다. 처음에는 간식을 빠뜨리는 등 제대로 기록하지 않았지만 대부분의 참가자가 기록을 시작했고 습관이 되었다. 그리고 연구진이 예상치 않은 일이 일어났다.

참가자들은 일기를 보며 자신의 식습관 패턴을 알게 됐다. 그리고 항상 오전 10시에 간식을 먹는 사람은 그 시간에 먹을 사과와 바나나를 미리 준비해 살찌는 음식을 먹는 것을 방지했다. 정크푸드를 먹는 대신 식단을 미리 계획하여 장을 보는 사람들이 생겼다. 연구진이 요구한 것이 아니었다. 연구진은 일주일에 하루만이라도 먹은 것을 기록하라고 했을 뿐이었다. 그런데 6개월 후에 음식 일기를 꾸준히 쓴 사람은 그러지 않은 사람에 비해 체중이 2배나 더 줄었다. 다이어트를 성공시키는 핵심 습관, 식단을 완전히 새롭게 구성할 수 있는 간단하지만 강력한 비법은 식단 일기를 쓰는 것이었다.[6]

핵심 습관은 사람마다 다를 수 있다. 때문에 다양한 시도를 통해 나의 특성에 맞는 핵심 습관을 찾아내야 한다. 이 핵심 습관을 통해 다른 변화가 도미노처럼 일어날 수 있는 구조를 만들어야 한다.

인간 물고기라 칭송받는 마이클 펠프스의 핵심 습관은 매일 밤 잠들기 전과 매일 아침 잠에서 깨자마자 눈을 감고 자신이 완벽하게 수영하는 장면을 상상하는 것이었다. 이런 핵심 습관이 장착되자 펠프스는 다이어트, 훈련 일정, 스트레칭, 수면 시간 등과 같은 다른 습관들도 저절로 좋아졌다.[7]

팀 페리스는 자신의 분야에서 최정상에 오른 거인들인 '타이탄'을 만나 그들의 성공 전략을 인터뷰했다. 타이탄들의 핵심 습관은 아침 의식을 치르는 것이었다. 하루 첫 시작에 행하는 굉장히 사소한 의식이 하루 전체를 결정하고 삶에 강력한 영향을 미치기 때문이다. 타이탄들은 아침에 습관적으로 잠자리를 정리하고, 명상을 하고, 아침 일기를 쓴다.

- 잠자리를 정리한다(3분) : 매일 아침 잠자리를 정돈한다는 것은 그날의 첫 번째 과업을 달성했다는 뜻이다. 작지만 뭔가 해냈다는 성취감이 자존감으로 이어진다. 그리고 또 다른 일을 해내야겠다는 용기로 발전한다. 하루를 마무리할 무렵이면 아침에 끝마친 간단한 일 하나가 수많은 과업 완료로 바뀐다.

- 명상한다(10~20분) : 타이탄들 중 80퍼센트 이상이 매일 아침 마음 챙김 수련을 한다. 명상은 현재 상황을 직시하고, 사소한 일에 예민하게 반응하지 않고, 침착한 태도를 유지하는 데 도움이 된다. 때론 심호흡 하나가 인생을 바꾼다.
- 아침 일기를 쓴다(5~10분) : 감사하게 여기는 것, 오늘을 기분 좋게 만드는 것, 오늘의 다짐을 간단하게 쓴다. 아침에 일기를 쓰면 활기찬 하루를 시작할 수 있고, 시작이 활기차면 하루가 몰라보게 달라진다.[8]

## 21일-66일-100일의 기적

새로운 하나의 행동이 습관으로 정착되려면 몇 번의 난관을 헤쳐나가야 한다. 3일, 21일, 66일, 100일. 3일은 새로운 변화를 시도하는 시간이다. 21일은 뇌가 새로운 시도를 단기 기억에서 장기 기억으로 옮겨놓는 시간이다. 66일은 몸이 익숙해지는 시간이다. 100일이 되면 하나의 습관이 완성된다. 어떤 일이든 평균적으로 100일 정도 되면 습관이 뿌리 내린다.

이 숫자들은 단군신화에도 등장한다. 환인의 아들 환웅이 널리 인간을 이롭게 하고자 인간 세상에 내려온다. 이때 곰 한 마리와 호랑이 한 마리가 환웅에게 찾아와 말하길, "원컨대 사람이 되었으면 합니다"라고 한다. 환웅은 신령스러운 쑥 한 타래와 마늘 20개를 주면서 말하기를, "너희들이 이것을 먹고 100일 동안 햇빛을 보지 않으면 곧 사람이 될 것이다"라고 했다. 곰과 호랑이가 동굴에서 이것을 먹었는데 호랑이는 버티지 못했고, 곰은 21일 만에 여자의 몸이 되었다. 곰에서 여자가 된 웅녀는 신단수 아래에서 아이를 가지기를 빌었다. 이에 환웅이 잠시 사람으로 변해 결혼하여 아들을 낳으니 이름이 단군왕검, 즉 한민족의 시조가 된다. 100일을 목표로 21일을 버티면 환골탈태할 수 있다는 것을 수천 년 전의 선조도 알았다.

2019년 한 해에 6000억 달러의 수입을 벌어들인 미국의 유명 코미디언인 제인 사인펠트는 어떻게 하면 유명 코미디언이 될 수 있느냐는 질문을 받았다. 그는 매일 재미있는 농담을 하나씩 만드는 것이 성공 비결이라고 했다. "커다란 달력을 사서 벽에 걸어놓고 새로운 농담을 지어낸 날마다 커다랗게 빨간 X 표시를 합니다. 며칠이 지나면 빨간색 사슬이 생겨요. 계속 그렇게 하면 사슬이 매일 점점 더 길어지지요. 그 사슬을 보는 것

표5 야나두 회원 이탈 포인트

이 즐거워집니다. 특히 몇 주 연속하게 되면요. 이때 당신이 해야 할 유일한 일은 그 사슬이 끊어지지 않게 하는 겁니다. 사슬을 끊지 마세요."⁹

야나두는 회원 데이터를 통해 사람들이 언제 그만두는지를 파악한다. 이탈 시점이 되면 사람들이 이탈하지 않고 계속해나갈 수 있도록 미리 동기부여를 한다.

작심삼일로 끝나지 않도록 공부를 시작한 지 이틀이 되면 응원 메시지를 보낸다.

"여러분 혹시 5초 효과 들어보신 적 있나요? 무언가를 하기로 결심하고 5초가 지나가면 그 행동을 못 하게 될 확률이 높다는 거죠. 아침에 일어날까 말까 고민이 5초가 넘어가면 결국엔 늦잠을 자게 되어 있어요. 영어도 마찬가지라는 거죠. 하지 말까? 아, 해야 되나? 이 고민하는 시간이 5초가 넘어가지 않게 꼭 주의해주시는 거예요."

이 영상을 보고 영어 공부를 해야겠다는 생각이 든다면 5초 안에 야나두에 접속해달라는 메시지를 보낸다. 작심삼일을 이기고 계속해나갈 수 있도록 격려해준다. 21일이 되면 다시 응원의 메시지를 보낸다. '이쯤 되면 누구나 다 힘들지만 조금만 더 버티면 대부분은 목적지에 도착한다. 다음 고지까지 같이 가보자'는 메시지를 전하며 동기부여한다.


## 겨우 10분 공부가
## 낳은 결과

야나두 강의는 평균 10분으로 구성된다. 회원들에게도 하루 10분만 공부하자고 말한다. 야나두의 목표는 회원들이 하고 싶은 말을 영어로 할 수 있게 되는 것이다. 이것이 가능하려면 중도 포기하지 않고 끝까지 꾸준히 공부해야 하는데, 하루 10분 영어 공부는 굉장히 좋은 시스템이다.

회원들 중에 초기에 굉장히 열심히 공부하는 사람들이 있다. 하루에 한 시간 이상을 수강하는데 대부분 끝까지 해내지 못하고 지쳐서 중도 포기한다. 한편 가볍게 5분 정도로 공부를 시작하는 사람들은 흥미를 느끼고 조금씩 시간을 늘려 끝까지 해낸다. 너무 과하면 질리지만, 아쉬울 정도로 하면 또 하고 싶고 더 하고 싶어진다. 사람의 마음은 늘 요동친다. 어떤 날은 많이 하고 싶고, 어떤 날은 조금만 하고 싶다. 컨디션에도 최고점이 있고, 최저점이 있다. 하루 10분은 어떤 컨디션이건 꾸준히 할 수 있는 최저점의 수준이다. 영어에 두려움을 느끼는 사람도 하루 10분 정도는 할 수 있겠다는 생각이 들어 마음의 장벽을 낮춘다.

야나두는 기간 내에 실력이 얼마나 향상되었는가보다는 매일매일 반복적으로 하는지를 굉장히 중요시한다. 누구나 매일 하면 잘하고 싶어지고, 누구나 매일 하면 잘할 수 있다. 이렇게 꾸준히 반복해 작은 성공 경험이 쌓이면 나도 모르게 영어가 입에서 흘러나온다. 그러면 영어 공부가 더 즐거워지고 성장의 기쁨을 느끼면서 더 집중해서 공부하게 된다. 초기에 열심히 하다가 중도 포기한 사람은 알 수 없는 성장의 기쁨을 거북처럼 매일 꾸준히 한 사람들은 느낄 수 있다. 느리게 가는 것처럼 보이지만 더 빨리 더 멀리 가는 사람들이다.

누구나 하루 10분씩 영어 공부를 하면 잘할 수 있다. 완주하는 것은 회원의 몫이다. 공부를 대신해줄 수는 없다. 하지만 야나두는 더 쉽게 성공할 수 있는 길로 안내한다. 성취의 기쁨을 느끼면서 즐겁게 공부할 수 있도록 돕는다. 야나두가 단기간에 온라인 영어 교육 시장에서 1등을 할 수 있었던 것은 회원들이 꾸준히 10분씩 공부할 수 있도록 돕는 동기부여 시스템이 작동했기 때문이다.

# 보상은즉시,
# 기간은짧게하라

## 운동 중독자가
## 생기는 이유

　　　　　하나의 습관은 하나의 덩어리로 구성된다. 아침에 조깅하는 습관이 있다면, 아침 6시에 잠옷을 운동복으로 갈아입고 귀에 이어폰을 꽂고 현관에서 운동화를 신고 문 밖으로 나가 상쾌한 공기를 마시며 뛰기 시작하는 일련의 행동이 하나의 습관 덩어리다. 습관이 완전히 장착되면 무심하게 일련의 행동을 해나가게 된다.

　그런데 달리기를 하는 중에 별안간 자동차 한 대가 나에게 돌진하면 재빠르게 피해야 한다. 돌발 상황에서도 무심하게 계속 달리면 사고가 난다. 자동차가 나에게 달려오는 것은 하나의 새로운 '신호'다. 새로운 신호를 포착하면 조용하던 뇌는 다시 활성화된다. 자동차가 오는 방향을 인지하고 재빠르게 대피한다.

새로운 습관을 갖고 싶다면 익숙한 행동 패턴의 관성을 깨고 뇌를 환기시켜야 한다. 그 첫 번째 단계는 뇌에 새로운 신호를 인지시키는 것이다. 신호는 뇌가 특정 행동을 하도록 자극한다. 예컨대 횡단보도에서 녹색 신호등이 켜지면, 길을 건너는 행동을 한다. 신호에 적합한 행동을 반복하게 하려면 적합한 보상이 주어져야 한다. 어린이들은 녹색불을 보고 길을 건너는 행동을 했을 때 작은 칭찬을 받는다. 사람은 가능하면 열량을 소모하지 않으려고 하기 때문에 노력에 대한 적합한 보상이 주어져야만 행동한다. 노력이 습관이 된 사람은 노력에 합당한 보상에 길들여졌기 때문이다. 신호 – 행동 – 보상의 시스템이 작동하면 새로운 습관이 첫발을 내딛는다.

케임브리지 대학교 신경과학과 교수인 볼프람 슐츠는 보상이 신경화학적인 면에서 어떻게 작용하는지 알아내기 위해 실험을 했다. 그는 짧은꼬리원숭이의 뇌에 무척 얇은 전극을 삽입해 뉴런의 활동을 관찰했다. 슐츠는 원숭이를 의자에 앉혀놓고 컴퓨터 모니터를 켰다. 원숭이는 여러 가지 도형이 화면에 나타날 때마다 손잡이를 당기면 무척 좋아하는 블랙베리 주스 한 방울을 먹을 수 있었다. 처음에는 모니터에 전혀 관심을 갖지 않던 원숭이가 블랙베리 주스를 맛보기 시작하면서 모니터에 집중하기 시작했다. 수십 번의 시행착오 끝에 원숭이는 모니터에 도형이 나타나면(신호) 손잡이를 당겨야(행동) 블랙베리 주스(보상)를 마실 수 있다는 것을 이해했다. 그 이후로는 무서운 집중력으로 모니터를 바라보며 신호 – 행동 – 보상을 반복했다. 슐츠 교수는 원숭이가 보상을 받으면 행복을 느끼는 뇌 활동이 증가한다는 것을 알게 됐다.

이 습관이 반복되자 원숭이의 뇌는 블랙베리 주스를 기대하기 시작했다. 원숭이는 모니터에서 도형을 보자마자 보상을 기대했다. 모니터에서 도형을 보면 뇌는 손잡이를 당겨야 한다는 신호로 인지하는 동시에 쾌락 반응이 시작되는 신호로 인지했다. 그런데 만약 신호에 부응하는 행동을 했는데도 주스를 주지 않거나 조금 늦게 주면 원숭이는 괴성을 지르며 화를 내거나 침울해졌다. 뇌에는 새로운 패턴인 '열망'이 형성되었다. 기대감과 열망에 사로잡힌 원숭이는 모니터 앞에 바싹 달라붙어 떨어지지 않았다. 신호를 받았을 때 열망의 감정이 더해지면 습관은 더욱더 강화되었다. 신호 – 열망 – 행동 – 보상, 이 네 가지가 함께 움직일 때 새로운 습관이 완전하게 자리 잡는 것이다.

담배를 보면(신호) 뇌는 니코틴을 열망한다. 니코틴이 공급되지 않으면 그 열망은 점점 더 커져서 결국 흡연자는 무의식중에 담배를 입에 물게 된다. 강력한 습관은 중독증과 비슷하다. 원하는 마음이 강박적인 열망으로 발전하면 평판이 무너지거나 가족을 잃을 수 있는 엄청난 불이익에도 뇌가 자동적으로 움직인다. 습관을 강화하거나 약화시키려면 열망을 관리해야 한다.[10]

뉴욕 주립대학교의 탈와 교수팀은 〈네이처〉지에 신호와 보상에 관한 실험 결과를 발표했다. 쥐의 뇌에 전극을 심어 인위적으로 신호와 보상을 줬다. 쥐의 감각 신호를 처리하는 뇌 부위에 전극을 심어 신호를 주고, 쾌감을 느끼는 뇌 부위에 전극을 심어 보상을 주었다. 쥐에게 뇌 자극을 주어 오른쪽 수염이 당겨지는 느낌을 주면(신호) 똑바로 가던 쥐가 오른쪽으로 방향을 돌렸다. 쥐가 그 방향으로 계속 가면 도파민을 분비시켰다(보상). 쥐는 신호와 보상에 길들여졌고, 원격 뇌 조종을 통해 쥐가 임의로 설정된 경로를 따라 움직이게 하는 데 성공했다. 수직 계단을 올라가고 가파른 경사 아래로 내려오는 등 어려운 경로를 따라 움직이게 하려면 더 많은 도파민 자극이 필요했다. 쥐는 자기가 원하는 대로 행동했다고 느끼겠지만 사실은 도파민을 좇아 움직인 것이었다. 이 실험은 도파민 분비 등 쾌감이 보상으로 주어지면 평소에 하지 않을 행동도 얼마든지 할 수 있다는 것을 보여줬다.[11]

뉴멕시코 주립대학교 연구진은 일주일에 세 번 이상 운동하는 266명을 대상으로 습관적으로 운동하는 이유를 연구했다. 대부분 한가한 시간이 생겼거나 스트레스를 풀고 싶은 마음에 운동을 시작했다. 그런데 그들이 다른 사람들과 다르게 중도 포기하지 않고 운동을 꾸준히 할 수 있었던 비결은 보상을 열망했기 때문이다. 한 그룹에서는 92퍼센트가 운동을 하고 나면 기분이 좋아지기 때문에 운동을 한다고 대답했다. 다른 그룹에서는 67퍼센트가 운동을 하고 나면 성취감을 느낀다고 대답했다.[12]

30분 이상 달리면 러너스 하이Runner's High라는 보상을 받는다. 몸이 가벼워지고 머리가 맑아지고 기분이 상쾌해진다. 오래 달리면 젖산 등의 체내 피로 물질을 감소시키고 관절 통증 등을 완화하기 위해 엔도르핀이 분비된다. 뇌 속의 마약이라 불리는 엔도르핀은 스트레스를 받을 때 분비돼 고통을 완화시키고 하늘을 나는 것 같은 황홀감을 준다. 마약에 중독되듯이 엔도르핀에 중독되면 달리기를 열망하게 된다. 엔도르핀은 달리기뿐 아니라 수영, 농구, 야구, 축구 등의 운동을 분당 120회 이상의 심장 박동수로 30분 이상 지속하면 분비된다. 운동 과정에서 분비되는 엔도르핀에 중독될 경우 하루라도 운동하지 않으면 화가 나고 짜증이 난다. 그래서 운동이 습관이 된다.

## 즉시 보상을 도입하자
## 성공률이 2배로 뛰었다

새로운 습관을 만들고자 한다면 특정 행동을 했을 때, 어떤 보상을 줄 것인지를 명확하게 해야 한다. 돈, 권력, 명예, 칭찬, 인정, 우정, 사랑 등 물질적이거나 관계적인 보상도 좋지만, 스스로 느끼는 만족감 같은 내적 보상도 가능하다. 아침에 일찍 일어나면 스스로에게 "잘했어!"라고 진심으로 격려해주는 것만으로도 좋은 보상이 된다. 하루에 목표한 10분을 걸으면 스스로에게 "너는 해내는 사람이야. 멋져!"라고 칭찬해주는 것도 좋다.

한편, 보상은 바람직한 행동을 한 즉시 주어져야 한다. 이는 사람이 당장의 만족에 집착하도록 진화해왔기 때문이다. 우리 조상은 원시 자연에서 생활했다. 매 순간 포식자를 피해야 한다는 강박에 사로잡혀 살았다. 음식을 만들지도 저장하지도 못했기 때문에 즉시 먹어야 했다. 오늘 밤에 안전하게 잘 수 있는 안식처가 중요했다. 현재 또는 가까운 미래의 안위에만 집중해야 생존할 수 있는 생활환경이었다. 먼 미래를 생각하다가는 당장의 생존이 위협받았다. 그래서 야생에서 진화한 인간의 뇌는 즉각적인 기쁨에 큰 가중치를 둔다.

하지만 현대사회에서 보상은 지연된다. 열심히 일하면 한 달 후에 월급을 받고, 매월 저축을 하는 것은 30~40년 후에 노인이 되었을 때 편안한 삶을 살기 위해서다. 열심히 공부하면 몇 년 후에 좋은 대학에 간다.

최초의 인류인 오스트랄로피테쿠스는 약 200만 년 전에 등장했다. 한반도에 인류가 처음으로 거주하기 시작한 것이 100만 년 전이다. 그에 비해 현대사회의 시스템이 정착한 것은 수백 년 전에 불과하다. 그래서 현대사회에서는 인간의 본능과 보상 체계가 충돌한다.

인간의 뇌가 아직 현대사회의 보상 구조에 맞게 진화하지 못했기 때문에 성공에 적합한 습관을 만드는 것은 매우 힘들다. 현대인은 장기적인 보상을 추구하는 것이 더 이롭다는 것을 알면서도 즉각적인 쾌락에 반응한다. 폐암에 걸릴 수도 있지만 당장 니코틴이 주는 심리적 안정감 때문에 담배를 피운다. 살이

찔 것을 알지만 당장 기름진 패스트푸드 음식을 많이 먹는다. 체력이 약해질 것을 잘 알지만 운동을 하지 않고 소파에 앉아 당장 재미있는 TV 프로그램을 본다. 노후에 어려울 것을 알지만 저축 대신 쇼핑을 한다.[13]

새로운 습관을 만들려면 즉각적인 보상이 반드시 필요하다. 먼 미래에 한 번의 보상을 주겠다고 약속하는 것이 아니라, 보상의 시점을 잘게 쪼개어 기간별 보상을 설계하는 것이 좋다. 먼 미래의 큰 보상보다는 눈앞의 작은 보상이 더 효과적이다.

나는 직장인으로 일할 때 팀장으로 광고 경쟁 PT에서 여덟 번 연속으로 이겼다. 입사할 때 20억 원이던 회사 매출을 퇴사할 때는 100억 원으로 높이는 데 크게 기여했다. 경쟁 PT는 그 당일로 승패가 결정되기 때문에 승리감이라는 확실한 보상에 도취되었다. 거기에 더해 내 나름의 보상 체계를 구축했다. 경쟁 PT에서 최종적으로 이기려면, 보통 세 차례 PT를 해야 했다. 1차 경쟁 PT는 밤을 새우고 준비했고, 이기는 날에는 목욕탕에 가서 세신을 선물했다. 2차 경쟁 PT에서 이기면 나에게 양주 한 병을 선물했다. 최종 PT에서 이기면 팀원들과 소고기를 먹었다. 나에게만 보상하는 것이 아니라 동료들에게도 보상하며 승리를 축하하고 '잘하고 있다'며 서로를 격려했다.

당장 게임을 하는 것이 너무 즐거운 학생이 한 달 후에 중요한 수학 시험을 앞두고 있다고 해보자. 어떻게 하면 게임하는 시간을 줄여서 수학 공부하는 시간을 늘릴 수 있을까? 수학 시험을 잘 보면 용돈 10만 원을 주겠다고 설계하는 것이 일반적인 방식이다. 하지만 이렇게 해서는 게임하는 시간을 줄이고 공부하는 시간을 늘리게 할 수 없다. 당장 게임은 재미있는 반면, 시험을 잘 본 성취감과 용돈은 모두 한 달 후에 주어지기 때문이다.

　그럼 어떤 방법이 있을까? 오늘 수학 공부를 두 시간 하면 즉시 5000원을 주고, 일주일 동안 매일 두 시간씩 수학 공부를 하면 5만 원을 주는 방식으로 보상하면 수학 공부하는 절대 시간을 확보할 수 있다. 그러면 당장 주어지는 5000원이라는 즉각적인 보상에 반응하여 수학 공부라는 목표 행동을 하게 된다. 이런 행동이 반복되면 한 달 후에 성적 향상이라는 성취감을 맛본다. 이 성취감은 또 다른 보상으로 작동하여 수학 공부를 더 열심히 하게 하는 동기부여가 된다. 수학 공부하는 습관이 자리 잡으면 그때부터는 수학 점수를 90점 이상 받을 경우 보상하는 방식으로 보상 체계를 바꿀 수도 있다.

　야나두는 꾸준히 영어 공부를 하면 무조건 환급해주는 즉시 보상 시스템을 운영한다. 기존 교육 업계에서 성적이 얼마나 향상되었는지에 주목할 때, 우리는 얼마나 꾸준히 했느냐에 집중했다. 매일 10분씩 꾸준히 수강하기만 하면 장학금을 주는 것이다. 습관이 완성되는 90일 동안 포기하지 않고 끈기 있게 계속해나갈 수 있도록 7일, 14일, 30일씩 장학금을 나누어서 준다. 기간을 나눠 즉시 보상하면, 보상이 없을 때보다 성공 확률이 2배 더 높아진다.

야나두는 동기부여가 가능한 최적의 시스템을 만들기 위해 다양한 형태의 장학금 시스템을 시도해보았다. 1년 후에 100만 원을 장학금으로 주는 것보다 7일 후에 5000원을 주는 것이 성공 확률이 더 높았다. 소액의 장학금은 단지 금전적인 만족감뿐만 아니라 지금 내가 잘하고 있다는 성취감, 안도감, 만족감을 주는 효과가 있었다.


## 대체 습관을
## 만드는 것도 방법이다

야나두는 조직 관리에도 보상 시스템을 적용한다. 어떤 집단이든 자연 상태에서는 지각자가 10~15퍼센트다. 지각에 상과 벌을 주어도 지각자는 어김없이 생긴다. 지각을 하면 하루를 제대로 시작하지 못했다는 자책감이 들고 이는 하루의 성과에 나쁜 영향을 미친다. 한 사람의 기분이 다운되면 전체의 성과에도 악영향을 준다. 그래서 야나두는 지각을 최소한으로 줄이기 위해 4.5일 근무제를 도입했다. 만약 직원의 95퍼센트가 이번 주에 지각하지 않으면 다음 주 금요일에는 전 직원이 오전 근무만 하고 퇴근하는 즉시 보상을 도입했다.

야나두의 출근 시간은 9시 30분이다. 전 직원은 출근하면 모니터를 켜고 오늘 할 일을 사진으로 찍어서 9시 30분 전까지 유캔두 앱에 올린다. 전 직원의 95퍼센트가 이 미션에 성공해야 다음 주 금요일에 반일제 근무가 가능하다. 첫날의 성공률은 목표치보다 한참 낮은 87퍼센트였다. 그러자 출근을 마친 직원들이 지각이 임박한 동료들에게 전화해 지금 어디쯤이냐고 확인하기 시작했다. 마지막 날에는 지각을 자주하는 사람에게 모닝콜을 해주기도 했다. 공동의 목표를 향해 서로 돕기 시작한 것이다. 첫 주의 성공률은 93퍼센트, 둘째 주의 성공률은 94퍼센트, 셋째 주의 성공률은 95퍼센트로 매주 1퍼센트씩 성공률이 높아졌다. 사람은 심리적으로 나의 불이익은 참지만 나로 인해 다른 사람이 불이익을 받는 것은 피하고자 한다. 때문에 공동체로 다 같이 즉시 보상받는 시스템은 야나두의 지각률을 낮추는 데 효과적으로 작동했다.

나쁜 습관을 좋은 습관으로 바꾸고 싶다면 신호 – 행동 – 보상의 패턴에서 신호와 보상은 그대로 두고 반복되는 행동을 교체하는 것도 좋은 방법이다. 담배를 반복해서 피우는 것은 특정 상황에서 담배를 피웠을 때 기대하는 보상이 주어지기 때문이다. 흡연자마다 신호와 보상은 다 다르다. 어떤 사람은 스트레스 상황에서 담배를 피우면 긴장의 완화를 보상으로 얻을 수 있다. 상사가 실적 압박을 하는 경우(신호) 긴장의 완화(보상)를 열망하게 된다는 것을 이해했다면, 담배보다 더 긴장을 풀어주는 바람직한 행동으로 담배를 대체할 수 있다. 예컨대 명상 음악을 들을 때 긴장이 완화되는 사람이라면 상사로부터 실적 압박을 받는 즉시 명상 음악을 들음으로써 담배를 회피해보는 것이다. 이미 신호와 보상에 길들여졌기 때문에 원치 않는 행동을 단숨에 그만두기는 매우 어렵다. 따라서 같은 신호에 대해 같은 보상을 얻고 싶다면 대체 행동을 함으로써 습관의 교체를 꾀하는 것이 좋다.

심리학자 듀플렌은 손톱을 물어뜯는 습관을 가진 환자 멘디를 만났다. 듀플렌은 왜 손톱을 물어뜯느냐고 물었지만 멘디는 답하지 못했다. 오래된 습관을 가진 사람들은 대체로 기존 습관에 익숙해져서 왜 자신이 그런 행동을 하는지 의식적으로는 인지하지 못한다. 듀플렌은 멘디와의 대화를 통해 그녀가 지루함을 느낄 때마다 손톱을 물어뜯는 것을 알게 됐다. 여러 상황 테스트를 통해 멘디는 텔레비전을 보거나 숙제를 할 때면 어김없이 손톱을 물어뜯는다는 것이 밝혀졌다. 또 테스트를 통해 멘디는 수업 중이거나 텔레비전을 시청할 때 손가락 끝에 긴장감을 느끼고, 그러면 어김없이 손톱을 물어뜯는다는 것을 인지했다. 즉 멘디는 지루함을 느낄 때 손가락 끝에서 긴장감을 신호로 느꼈고, 손톱을 물어뜯는 행동을 통해 신체적 자극을 보상으로 받았다.

그래서 듀플렌은 멘디에게 신호와 보상을 그대로 두고 행동만 교체하게 했다. 손가락 끝에 긴장감을 느낄 때마다 즉시 손을 비비거나 주먹으로 책상을 두드리는 등의 대체 행동을 통해 신체에 자극을 주라고 했던 것이다. 일주일 후 멘디는 손톱을 단 세 번밖에 물어뜯지 않았고, 한 달 후에는 손톱을 물어뜯는 습관이 완전히 사라졌다. 대체 행동이 습관으로 자리 잡은 것이다.

습관을 바꿀 때 가장 중요한 것은 신호와 보상을 파악하는

것이다. 습관은 무의식적으로 반복하는 행동이기 때문에 내가
어떤 신호를 받았을 때, 어떤 보상을 기대하고, 어떤 원치 않는
행동을 하는지 이해하기란 쉽지 않다. 때문에 원치 않는 행동을
할 때마다 그 전후 상황을 기록함으로써 내 행동의 맥락을 이해
하는 것이 중요하다. 반복되는 패턴을 인지하면 열망하는 보상
에 부합하는 대체 행동을 기획하고 반복하여 나쁜 습관을 좋은
습관으로 대체할 수 있다.[14]

# 나 사용설명서를
# 알면 방법이 보인다

자신감은 내면에서 나온다.
자신감은 항상 그곳에 있다.

# 상위 0.1퍼센트는 메타인지를 잘한다

## 하루에 몇 번
## 거울을 보는가

상위 0.1퍼센트와 보통 사람의 가장 극명한 차이는 무엇일까? 성적이 상위 0.1퍼센트인 고등학생 다섯 명, 보통인 학생 다섯 명을 대상으로 간단한 실험을 진행했다. 10명 모두에게 서로 연관성이 없는 25개의 단어를 보여주고는 각 단어당 3초씩, 75초를 주고 외우게 했다.

학생들은 짧은 시간에 최대한 많은 단어를 기억하려고 노력했다. 정해진 시간이 흐른 뒤 시험을 치르기 전에 학생들에게 물어보았다. "몇 개의 단어를 기억하고 있습니까?" 그다음, 3분을 주고 기억나는 단어를 모두 적게 했다.

성적이 상위 0.1퍼센트인 학생군

|  | 학생1 | 학생2 | 학생3 | 학생4 | 학생5 |
|---|---|---|---|---|---|
| 예측(개) | 10 | 10 | 10 | 8 | 7 |
| 실제(개) | 11 | 10 | 10 | 8 | 7 |
| 차이(개) | +1 | 0 | 0 | 0 | 0 |

성적이 보통인 학생군

|  | 학생1 | 학생2 | 학생3 | 학생4 | 학생5 |
|---|---|---|---|---|---|
| 예측(개) | 5 | 7 | 6 | 8 | 10 |
| 실제(개) | 8 | 8 | 7 | 6 | 4 |
| 차이(개) | +3 | +1 | +1 | -2 | -6 |

표6   상위 0.1퍼센트 아이들과 보통 아이들의 인지 차이

학생들은 모두 몇 개를 기억하고 있었을까? 실제 기억한 단어는 시험 전에 예측한 것과 얼마나 차이가 났을까?[1]

확인 결과 성적이 상위 0.1퍼센트인 학생 다섯 명 중 네 명은 자신이 맞힐 것이라 예측한 숫자와 실제로 맞힌 숫자가 정확하게 일치했다. 단 한 명만 예상한 것보다 한 개를 더 맞혔다. 반면, 성적이 보통인 학생은 단 한 명도 자신이 맞힐 것이라 예측한 단어 개수와 실제 기억한 단어 개수가 일치하지 않았다. 여섯 개나 차이 나는 학생도 있었다. 내가 맞힐 것이라 생각한 것보다 여섯 개나 덜 맞힌 것이다.

성적이 우수한 학생들은 "평소에 시험을 치면 내가 아는 것

은 확실히 맞히고, 내가 잘 모른다고 생각하는 것은 매번 틀린다"고 말한다. 반면, 성적이 보통인 학생들은 "나는 안다고 생각했는데, 막상 시험을 보면 틀리는 경우가 많다"고 말한다.

내가 아는지 모르는지를 아는 것은 결과에 큰 차이를 만든다. 왜냐하면 모르는 것을 안다고 생각해버리면, 그 부분을 제대로 학습해 나의 것으로 만들 기회를 영원히 잃게 되기 때문이다. 잘 모른다는 것을 인지해야 해당 부분을 학습할 동력이 생기고, 그래야 완전히 소화해서 내 것인 지식이 된다.

중위권에 머물다가 상위 0.1퍼센트로 성적이 향상된 학생은 "틀린 것을 체크해두었다가 확실히 알 때까지 반복해서 풀기 시작하자 성적이 향상되었다"며 성적 향상의 비결을 밝혔다.

성적이 상위 0.1퍼센트인 학생들처럼 자신의 수준을 정확하게 인지하는 역량을 '메타인지Metacognition'라고 한다. '생각에 대한 생각'이라고도 불리는 메타인지는 내가 생각하는 것에 대해 생각할 수 있는 최상위의 사고방식이다. 이는 인간의 뇌에서 가장 늦게 발달한 영역이다. 메타인지가 뛰어나면 내가 무엇을 아는지, 무엇을 모르는지에 대한 판단을 제대로 할 수 있다. 메타인지는 뇌 안의 거울과 같아서, 나의 생각을 그대로 비춰 객관적으로 바라볼 수 있게 한다.

거울 속의 내가 나라는 것을 아는 것은 굉장히 고도의 사고 영역이다. 동물들 중 아주 일부만이 거울 속의 모습이 자신이라는 것을 안다. 인간은 생후 1년 반이 되면 거울 속의 모습이 나 자신이라는 것을 인지하기 시작한다.

사람이 다른 동물보다 잘 배우는 이유는 메타인지가 발달했기 때문이다. 다른 동물들은 내가 모른다는 것을 인지하지 못한다. 사람들마다 메타 인지 역량은 차이가 있고, 이는 학습 역량의 차이로 이어진다. 공부는 자신의 수준을 객관적으로 파악해 내가 무엇을 모르는지를 알고, 그것을 보완해나가는 과정이기 때문이다.

메타인지력과 성적의 상관관계를 보여주는 또 다른 실험이 있다. 고등학교 1학년 학생들의 뇌를 3차원 자기공명영상MRI으로 촬영한 결과 국어, 영어, 수학 점수가 높은 학생일수록 전전두엽 회백질이 두꺼웠다. 회백질이 두껍다는 것은 신경세포가 많다는 것, 즉 그 영역을 적극적으로 활용한다는 의미다. 전전두엽은 메타인지 역량이 발달할수록 활성화된다.[2]

다행히 좋은 소식이 있다. 메타인지 역량은 후천적으로 강화할 수 있으며, 성적에 미치는 영향이 IQ보다 더 크다. 네덜란드 라이덴 대학의 베엔만 교수는 "25년 동안 연구한 결과, 메타인지가 IQ보다 성적과의 상관관계가 더 높은 것으로 드러났다. IQ가 성적의 25퍼센트만 설명하는 반면, 메타인지는 성적의 40 퍼센트를 설명한다. IQ는 오랫동안 훈련해도 나아지기 어렵지만, 메타인지는 성공적으로 훈련할 수 있다"고 강조했다.

남자와 여자의 IQ는 비슷하지만, 남자보다 여자의 EQ(감성 지수)가 월등히 높은 것으로 알려져 있다. 왜 그럴까? 나는 여자가 남자보다 거울을 더 많이 보기 때문이라고 생각한다. 여자가 남자보다 거울을 100배는 더 많이 볼 것이다. 이 별것 아닌 듯한 행동이 굉장한 차이를 낳는다.

거울을 바라보는 것은 내가 나를 바라보는 행위이자, 내가 남과 어떻게 다른지를 인식하는 과정이기도 하다. 남과 다른 나에 대한 인지를 통해 나의 특장점을 알게 되고, 그러면 나를 더 잘 활용할 방법을 찾게 된다. 거울을 통해 표정의 변화를 인지함으로써 타인의 감정 변화도 예민하게 알아챈다. 감성 지능이 발달하는 것이다. 반면, 거울을 잘 보지 않는 남자는 눈치가 없다는 핀잔을 자주 듣는다.

## 매일 5분
## vs. 매일 30분

역량 향상의 바탕이 되는 메타인지는 어떻게 강화할 수 있을까? 미국 컬럼비아 대학교 심리학과 리사 손 교수는 인천 하늘고등학교 1학년 학생들을 대상으로 메타인지 실험을 했다. 컴퓨터 화면에 전혀 연관성이 없는 단어 50개를 보여주고 외우게 했다.

학생들은 두 가지 공부법을 활용했다. 반복해서 읽는 재학습, 스스로 문제를 내고 스스로 맞히는 셀프테스트. 같은 학생이 같은 난이도로 공부할 때 어떤 공부법이 더 좋은 성과를 냈을까? 결과는 재학습 43점, 셀프테스트 53점. 셀프테스트로 공부한 학생들의 점수가 10점 더 높았다. 같은 사람이 단지 공부법만 바꿨을 뿐인데 점수 차이가 10점이나 난 것이다.

내가 무엇을 알고 무엇을 모르는지를 정확하게 파악하는 것이 역량 향상의 지름길이다. 아는 것을 반복 학습하는 시간을 줄여서 그 시간에 모르는 것을 반복 학습하면, 전반적인 학습의 효율성이 높아진다. 모르는 것을 놓치고 지나치는 일도 줄어든다. 반복해서 틀리더라도 틀린 경험이 기억에 남아 공부한 내용을 뇌에서 쉽게 불러낼 수 있다. 작은 공부 방법의 차이가 누적

되면 커다란 차이를 만든다.[3]

메타인지는 인생의 모든 영역에서 중요하다. 달리기를 한다고 해보자. 지금 나의 달리기 수준은 5분도 연달아 뛰기 힘들지만, 오늘부터 한 달 동안 매일 30분씩 뛰겠다는 목표를 세우면 어떻게 될까? 7분쯤 딜리다가 지쳐서 도서히 못 뛰겠다며 포기를 하고 만다. 성취가 아닌 실패를 맛보게 되고, 그러면 다음 날에는 시도조차 하고 싶지 않다. 실패를 반복하고 싶지 않기 때문이다. 달리기가 기분 좋은 경험이 아닌 기분 나쁜 경험으로 각인되고, 이는 앞으로의 운동에 나쁜 영향을 미친다.

그렇다면 어떻게 해야 할까? 나를 먼저 셀프테스트해야 한다. 밖에 나가 먼저 뛰어보는 것이다. 보통의 체력 상태에서 조금 힘들지만 해낼 만한 수준으로 몇 분이나 뛸 수 있는지 측정해보는 것이다. 5분이 나에게 최적의 시간이라고 생각되면, 향후 일주일 동안 5분씩 뛰겠다는 계획을 세워야 한다. 그리고 3일마다 1분씩 달리는 시간을 늘려보는 것이다. 그러면 내 수준에 맞는 달리기 계획을 세웠기 때문에 매일 성공 경험을 할 수 있다. 3일마다 1분씩 달리는 시간이 늘어나는 일취월장의 경험도 할 수 있다. 이런 기분 좋은 경험은 달리기를 꾸준히 해나가는 데 큰 동기부여가 된다. 5분의 달리기, 1분의 증가는 매우 보잘것없어 보이는 숫자다. 하지만 1년은 365일이다. 꾸준히 해나가기만 하면 1년 후에는 두 시간을 달릴 수 있는 사람이 된다.

내 마음의 정도를 아는 메타인지도 중요하다. 머리로는 운동을 해야지 생각하지만, 막상 몸이 움직이지 않을 때는 어떻게 해야 할까? 스스로를 자책할 필요가 전혀 없다. 현재 내 상태를 있는 그대로 받아들이면 된다. '운동을 하고 싶다. 하지만 시작할 엄두가 나지 않는다'라고 현재의 상태를 인지하는 것이다. 이렇게 현재 상황이 파악되었으면 이제 나의 목표는 당장 헬스장을 등록하고 운동을 시작하는 것이 아니라, '운동을 시작하고 싶게 만드는 것'이 되어야 한다. 만약 마음의 준비가 되지 않았는데 헬스장부터 등록해버리면, 그날이 헬스장에 가는 처음이자 마지막 날이 될 것이다.

지금 내 상태에 적합한 노력은 몸을 움직일 수 있도록 마음을 준비시키는 것이다. 운동에 관한 유튜브 영상 시청하기, 열심히 운동하는 친구를 만나 운동법에 대한 조언 듣기 등이야말로 나의 현재 상태에 가장 적합한 노력이며, 느린 듯 보여도 가장 빠른 성취를 가져다줄 노력이다. 그것조차 해낼 에너지가 없다면, 가만히 앉아 '빠른 시일 내에 운동을 시작하고 싶다'라고 노트에 써보는 것만으로도 충분하다. 이런 노력이 누적되면 언젠가 엉덩이를 번쩍 들고 일어나 러닝머신을 뛰고 있는 자신을 마주하게 될 것이다.

멋진 몸을 만들기 위해 운동을 하는 사람이 있다. 굉장히 열심히 운동을 하는데, 운동을 하고 나면 몸이 뻐근하고 체형이 더 망가진다. 왜 그럴까? 답답해서 전문가를 만나 진단을 받아보았다. 전문가는 평소 생활 자세가 잘못돼 어깨가 굽고 어깨 근육이 뭉쳐 있다고 했다. 잘못된 생활 습관에 길들여져 팔과 복부 근육을 써야 할 때 어깨 근육을 먼저 쓰다 보니 운동을 한 뒤에 자세가 더 나빠진다는 것이다. 전문가에게 몸 상태를 정확하게 진단받은 뒤, 의식적으로 어깨 근육 대신 팔 근육을 쓰기 시작하자 체형이 올바르게 교정되었다. 무엇이 잘못되었는지를 인지하면 개선 방법이 보인다.


## 레벨링이
## 필요한 이유

야나두는 동기부여의 시작은 자기 인식이라고 본다. 그 때문에 야나두는 회원들이 자신의 현재를 객관적이고 정확하게 바라볼 수 있도록 레벨링 시스템을 도입했다.

현재 나의 레벨을 정확하게 알아야 수준에 맞는 학습을 할 수 있고, 레벨이 올라갈 때마다 성취감을 느껴 더 잘하고 싶어지기 때문이다. 레벨의 단계를 높여가는 것은 강력한 동기부여 기법 중에 하나다.

야나두는 누적된 100만 개의 레벨 테스트 진단 데이터를 바탕으로 학습을 시작하는 회원들을 레벨 테스트한다. 영어를 배우고자 하는 마음가짐, 영어가 필요한 이유, 영어를 통해 달성하고자 하는 목표, 목표 달성을 원하는 기간, 어휘·듣기·문법·어순 등의 영어 역량 수준에 대해 질문한다. 현재 상태를 정확하게 알아야 그에 맞는 커리큘럼 설계가 가능하기 때문이다. 무엇보다 레벨 테스트를 통해 회원 스스로 자신의 현재 상태를 정확하게 인지하게 한다.

예를 들어 영어 공부의 목표가 영작문인 사람이 있다. 혼자 영어로 작문을 해보지만 잘되지 않는다. 영작문 수업을 들어도 따라가기가 버겁다. 현재 실력은 레벨2 수준인데, 영작문은 레벨4 수준이 되어야 가능하기 때문이다. 수준에 맞지 않는 학습을 하면 좌절감이 들고 영어에 흥미를 잃어 쉽게 포기하게 된다.

Q. 영어 공부 목표는 무엇입니까?

A. 저는 ＿＿＿개월 동안 ＿＿＿＿＿＿＿하도록 영어를 잘하고 싶습니다.


예)  영어를 듣고 이해할 수 있도록

     기본적인 의사소통을 할 수 있도록

     자유자재로 간단한 문장을 만들 수 있도록

     긴 문장으로 말하며 대화를 이끌어나갈 수 있도록

     짧은 이메일, 비즈니스 리포트를 작성할 수 있도록

     원어민 같은 발음으로 대화할 수 있도록


Q. 왜 영어 공부를 하고자 합니까?

A. 저는 ＿＿＿＿＿＿＿를 위해서 영어 공부를 하려고 합니다.


예)  해외 자유 여행을 떠나기 위해서

     자막 없이 미드를 보고 싶어서

     외국인 친구를 사귀기 위해서

     아이와 영어로 대화하고 싶어서

     자기 계발 목적으로

     이직 또는 승진하기 위해서

Q. 학습 성향은 어떠한가요?

A. 저는 ____①____ 스타일로 공부하는 편이며, ____②____ 때문에 어려움
을 겪고 있습니다.


① 예)  필요할 때마다 짧게

틈틈이 시간 날 때마다

꾸준히 오랫동안

단기간에 몰아서

생각나면 가끔씩


② 예)  부족한 시간          낮은 집중력

작심삼일 포기          학습의 지루함

수준 높은 강의          금전적 문제

주변의 유혹          귀차니즘


　성장은 끝없는 숙제다. 누구나 지금보다 더 성장하고 싶어한
다. 어떤 영역에서든 성취하고 싶다면 가장 먼저 나 자신에 대
한 객관적인 평가에서 시작해야 한다. 막연히 이루고 싶다가 아
니라, 무엇을 얼마나 어떻게 이루고 싶은지, 목표 달성을 가로

막는 요인은 무엇이고 어떻게 제거할 수 있는지 등에 대해 자문 자답해야 한다.

자기 성찰의 중요성은 동서양의 위인들도 강조해왔다. 동양에서 공자는 그의 제자 자로에게 '知之爲知之 不知爲不知 是知也(지지위지지 부지위부지 시지야)'라 했다. 아는 것을 안다고 하고 모르는 것을 모른다고 하는 것, 그것이 곧 앎이라는 말이다. 서양에서 소크라테스는 'γνῶθι σεαυτόν(그노시 씨아똔)'이라 했다. 너 자신을 알라는 말이다. 상위 0.1퍼센트의 역량을 갖고 싶다면, 나 자신을 객관적으로 바라볼 수 있어야 한다.

나를 인지하는 법을 배운 적이 없어서, 나를 인지하는 것이 중요하다고 생각해본 적이 없어서, 나를 돌아볼 시간이 없어서 등의 이유로 나에 대한 이해도가 굉장히 약한 사람이 많다. 메타인지가 되어 있지 않으면 내가 어디에 있는지, 목표가 무엇인지를 스스로 정의하지 못한다. 어떤 목표를 향해 어떻게 가겠다는 방향이 잡혀 있지 않으니 그 어떤 성취도 이룰 수 없다.

나를 안다는 것은 나의 육체, 감정, 이성, 지성 등에 대해 다각적으로 이해한다는 것이다. 철저히 측정하여 내가 어느 정도인지 정확하게 이해한다는 것이다. 내가 나에 대해 정의하지 못하고 이해하지 못하면, 타인이 나를 보는 시선에 의존하게 된다. 타인이 정의한 나의 모습으로 살면 남의 인생을 사는 것이 된다. 나는 어떤 사람이라는 정의를 내릴 수 있을 만큼 반복하여 메타인지를 해나가야 내 인생을 제대로 살 수 있다.

성공 철학의 대가인 나폴레온 힐은 성공하는 삶을 살고 싶다면 냉정하게 자기 자신을 돌아보는 일부터 시작해야 한다고 조언한다.

"자기를 분석함으로써 알고 싶지 않은 자기의 약점까지 드러날지도 모른다. 그러나 비참하고 가난한 삶을 살고 싶지 않다면 용기를 갖고 자기의 진정한 모습과 맞서야 한다. 자신에 대해 한 항목씩 체크해갈 때 스스로가 재판관인 동시에 판사이고 검사여야 한다. 또한 변호사이기도 하고 원고이자 피고이기도 하며 방청객이기도 해야 한다. 이렇게 하여 결코 자신을 속이지 않고 진실한 자기를 만나 스스로 엄한 질문에 명확히 답변해야 한다. 이와 같이 자기 분석을 함으로써 비로소 진정한 자기 모습이 밝혀질 것이다. 이 테스트가 괴로울지 모르지만 어떤 대가를 치른다 해도 반드시 해야만 한다."

# 나에 대해 질문하고 측정하라

**여자 친구**
**사용설명서**

　　　　　메타인지의 최대 장점은 나를 최대치로 활용할 수 있다는 것이다. 음식 재료에 대한 이해도가 높아지면 요리를 더 잘할 수 있고, 헬스장 운동 기구에 대한 이해도가 높아지면 운동을 더 잘할 수 있고, 애인에 대한 이해도가 높아지면 관계 맺음을 더 잘할 수 있다. 마찬가지로 나에 대한 이해도가 높아지면 나를 더 잘 활용할 수 있다.

　　　"술은 절대 세 잔 이상 먹이면 안 되고요. 아무나 패거든요.

　　　그리고 카페 가면 콜라나 주스 마시지 말고, 커피 드세요.

가끔 때리면 안 아파도 아픈 척하거나, 아파도 안 아픈 척하는 거 좋아해요.

만난 지 100일 되면, 강의실 찾아가서, 장미꽃 한 송이 내밀어보세요. 되게 좋아할 거예요.

검도하고 스쿼시는 꼭 배우세요.

가끔 유치장을 가는 것도 감수할 수 있어야 하고요.

가끔 죽인다고 협박하면 진짜 죽을지도 모른다고 생각하세요. 그래야 편해요.

그리고 가끔 다리가 아프다고 하면 신발도 바꿔 신어주세요.

마지막으로 글 쓰는 거 좋아하거든요. 칭찬 많이 해주세요."

- 영화 <엽기적인 그녀> 중에서

영화 <엽기적인 그녀>의 명장면 중 하나는 자신의 전 여자 친구를 새로운 남자 친구에게 소개하는 장면이다. 여자 친구가 무엇을 조심해야 하는지, 어떤 행동을 보일 때 어떤 감정인지, 어떤 걸 했을 때 기뻐하는지 아주 구체적으로 전해준다. 여자 친구를 가장 행복하게 만들어줄 수 있는 '여자 친구 사용설명서'인 셈이다.

최고 버전의 나로 살고 싶다면, 나를 100퍼센트로 활용할 수 있는 '나 사용설명서'를 작성해야 한다. 나는 어떤 환경에서 잠재력을 폭발시키는지를 연구해야 한다. 나의 성공을 방해하는 습관이 무엇인지를 파악하여 제거해야 한다.

식물은 서로 생육 환경이 다르다. 물을 주는 주기, 필요한 물과 햇빛의 양이 다르다. 매일 물을 주면 잘 자라는 식물이 있는가 하면, 죽는 식물도 있다. 일조량이 부족하면 시름시름 앓다 죽는 식물이 있는가 하면, 햇빛이 부족해도 잘 자라는 식물도 있다. 같은 식물이라도 자신에게 잘 맞는 생육 환경을 만나면 더 많은 꽃을 피우고 더 잘 자란다. 사람도 마찬가지다. 팀플레이어가 있는가 하면, 혼자 더 잘하는 사람이 있다. 집에서는 집중이 안 되지만 카페에만 가면 집중력이 폭발하는 사람이 있는가 하면, 카페에만 가면 소음으로 스트레스 받는 사람이 있다.

나는 어떨 때 더 잘하는지 나에 대해 이해하고 이를 활용해야 한다. 예를 들어 나는 혼자 세운 계획은 제대로 완수하지 못하는 반면, 남들에게 목표를 공언하고 나면 그 목표를 지키기 위해 최선을 다하는 스타일이다. 남들 모르게 이루고는 짠 하고 보여주는 방식으로는 절대 성공할 수 없는 성향인 것이다. 말을 먼저 해놓고 내가 한 말을 지키고자 아등바등했기 때문에 성공에 다가갈 수 있었다.

또 나는 시기와 질투가 많기 때문에 경쟁심이 생겨야 전투력이 폭발한다. 몇 년 전에 크게 성공한 대학교 동아리 선배를 미국에서 만났다. 선배는 캘리포니아에서 석양을 바라보며 이런 날이 오리라 꿈도 꾸지 못했다며 과거를 회상했다. 나보다 훨씬 크게 성공한 선배를 보니 질투가 났다. 나는 이 질투심을 있는 그대로 받아들였다. 잘되는 선배를 바라보며 부러움에 배 아파하거나, 시기심에 은근히 선배의 실패를 바라지 않았다. 대신에 '나도 선배와 어깨를 나란히 할 수 있도록 선배처럼 성공하겠다'는 좋은 경쟁심으로 감정을 전환시켰다. 남을 낮추는 것이 아니라 나를 높이는 방법을 택했고, 경쟁심으로 열정을 키워나갔다.

질투심은 자연스러운 감정이다. 질투심 많은 성격이라는 것을 인지하면, 이를 나의 성장에 유리하게 활용할 수 있다.


## 인생을 바꾸는
## 세 가지 방법

나를 본능, 감정, 이성의 측면에서 분석하고 나에 대한 이해를 강화할 수 있다. 야나두가 사업 초기 망할 위기에 처했을 때 나는 그 상황을 본능, 감정, 이성의 측면에서 분석했다. 본능은 생존 위기에 처했을 때 나타나는 대응력이다. 야나두가 망하면 어떻게 될지 생각해보았다. 최악의 경우 감옥에 가게 될 텐데 그 정도는 감당할 수 있다는 판단이 섰다. 사업이 크게 망하면 죽음을 생각하는 사람도 있지만, 최악은 감옥이라고 배수의 진을 치고 나자 오히려 조금은 여유로운 마음으로 당장의 사업상 문제에 집중할 수 있었다.

감정적으로 나는 동료를 실망시키고 싶지 않았다. 사업이 어려워지자 떠난 사람도 많았다. 하지만 나를 믿고 끝까지 남아준 사람들, 처음부터 나와 시작을 함께한 창업 공신들을 실망시키고 싶지 않았다. 그들을 생각하면 버틸 힘이 생겼다. 이성적으로 나는 야나두가 존재해야 하는 사회적 이유를 생각했다. 야나두는 누구나 최고의 인생을 살 수 있도록 동기부여를 하는 회사이고, 그 비전을 달성하고 싶은 열망이 끝까지 버티는 힘이 되어주었다.

나에 대한 이해를 잘하면 어떤 상황에서도 돌파구를 찾을 수 있지만, 나에 대한 이해가 부족하면 실패를 반복하게 된다. 실패를 반복하는 사람들의 가장 큰 특징은 실패의 원인을 내가 아닌 남에게서 찾는 것이다. 실패에 대해 남 탓, 환경 탓, 상황 탓을 한다. 내가 성적이 오르지 않는 이유는 부모가 과외를 시켜주지 않아서라고 생각하고, 나는 왜 이런 친구들밖에 없는지 한탄한다. 그런 사람은 또다시 최악의 상황을 만난다.

반면, 실패했을 때 그 원인을 나에게서 찾는 사람은 진화한다. '다른 공부법으로 공부했다면 어땠을까?' '이 친구와 어울리지 않았다면 어땠을까?' '이렇게 판단했다면 어땠을까?' 환경 탓을 하는 대신 반성적 사고를 한다. 나의 행동을 복기하고 리뷰해서, 나에게서 문제점과 해결책을 찾아낸다. 다시 같은 상황을 만났을 때 다르게 행동하고 더 나은 결과를 만든다.

인생을 바꾸는 세 가지 방법은 시간을 다르게 쓰는 것, 사는 곳을 바꾸는 것, 새로운 사람을 만나는 것이라고 한다. 내 가능성을 최대치로 꺼내 쓰려면 시간 사용은 어떠해야 하는지, 최상의 실력을 발휘할 수 있는 환경은 어떤 것인지, 어떤 사람이 나와 상생의 시너지가 나는지를 고민해야 한다.

다음은 나폴레온 힐이 자기 분석을 위해 답하라고 권하는 질문이다. 이 질문을 곁에 두고 주기적으로 대답해나가면 나에 대한 이해도가 높아지고 자연스럽게 성장으로 이어진다.[4]

- 기분이 나쁘다고 호소하는 일이 자주 있는가? 원인은 무엇인가?

- 일을 할 때 실수가 많은가? 원인은 무엇인가?

- 당신의 말투는 비꼬거나 공격적이지 않은가?

- 남과 만나는 것이 귀찮다고 생각하는가? 그 이유는 무엇인가?

- 일이 싫어진 적은 없는가? 어떤 때 싫어지는가?

- 라이벌에게 질투를 느낄 때가 있는가?

- 성공과 실패 중 어느 쪽을 더 많이 생각하는가?

- 나이가 들면서 자신감이 넘치는가 아니면 없어지는가?

- 친척이나 친구에게 피해를 입힌 적이 있는가? 어떤 일인가?

- 마음이 약해지거나 의기소침한 적이 있는가?

- 당신에게 가장 큰 영향을 주는 사람은 누구인가? 어떤 영향을 주고 있는가?

- 일부러 절망적 생각에 빠져든 적이 있는가?

- 고민이 있는가? 그것은 무엇인가? 고민하면 해결이 된다고 생각하는가?

- 술, 담배, 수면제로 고민을 해결하려고 한 적은 없는가?

- 당신에게 잔소리하는 사람이 있는가? 있다면 원인이 무엇이라고 생각하는가?

- 명확한 최종 목표를 갖고 있는가? 어떤 구체적인 목표인가?

- 가난, 비판, 질병, 실연, 노화, 죽음. 여섯 가지 공포 중 어느 것을 두려워하는가?

- 자기 암시를 통해 마음을 다잡는가?

- 남의 의견에 잘 따르는 편인가?

- 당신의 지식 저장고에는 가치 있는 정보가 많이 있는가?

- 실패나 결점을 냉정하고 끈기 있게 분석할 수 있는가?

- 당신의 약점 세 가지를 들 수 있는가? 그것을 개선할 수 있다고 생각하는가?

- 일상에서 당신이 성장하는 데 도움이 되는 무엇인가를 받아들이고 있는가?

- 당신의 존재가 주변 사람들에게 부정적인 영향을 주는가?

- 자신의 생각과 의견을 가지고 있는가? 혹시 타인의 의견을 자신의 생각처럼 떠드는 일이 많지는 않은가?

- 항상 마음을 평정 상태로 유지하려고 노력하는가?

- 일에 대해 신념과 희망을 가질 수 있는가?

- 종교는 당신에게 어떤 도움이 되는가?

- 남의 괴로움도 해결해주려고 하는가? 이유가 무엇인가?

- 친구들은 당신의 어떤 점에 매력을 느낀다고 생각하는가?

- 유익한 사람과 유해한 사람을 어떤 기준으로 구별하는가?

- 다음 사항에 대해 하루에 얼마나 시간을 할애하는가? (일, 수면, 놀이와 휴식, 유익한 지식의 수집, 낭비)

- 주위에 다음에 해당되는 사람이 있는가? (당신에게 용기를 주는 사람, 당신이 경계하는 사람, 항상 당신을 견제하는 사람)

- 현재 직면하고 있는 가장 큰 문제는 무엇인가?

- 충고나 조언을 들었을 때 진심으로 받아들일 수 있는가?

- 최고의 소망은 무엇인가? 그것을 위해 다른 모든 즐거움을 희생할 각오가 되어 있는가?

- 마음이 자주 변하는 편인가? 원인은 무엇인가?

- 무슨 일이든 끝까지 밀고 나가는가?

- 직위나 학력 등으로 사람을 평가하는 편인가?

- 다른 사람이 당신을 어떻게 생각하는지 신경이 쓰이는가?

- 사회적 지위가 높거나 돈이 많다는 이유로 그 사람에게 접근하려고 한 적이 있는가?

- 가장 위대하다고 생각하는 인물은 누구인가? 그 사람은 당신보다 어떤 점이 뛰어나다고 생각하는가?

또한 나폴레온 힐은 매년 연말마다 1년 동안 얼마나 성장했는지 점검하기 위해 다음의 질문에 답하라고 권한다.

- 올해 목표는 모두 달성했는가?

- 언제나 최선을 다했는가? 지난해보다 조금이라도 나아진 것이 있는가?

- 최대한 봉사했는가?

- 항상 협조하는 자세로 일했는가?

- 하루하루 미루지 않았는가? 주로 어느 분야를 미뤘는가?

- 성격을 개선할 수 있었는가? 어떤 점을 개선했는가?

- 계획대로 끝까지 끈기 있게 행동했는가?

- 어떤 경우든 확신을 가지고 신속하게 결단을 내렸는가?

- 가난, 비판, 질병, 실연, 노화, 죽음. 이 여섯 가지 공포 중 어느 것에도 흔들리지 않았는가?

- 조심성이 너무 많거나 모자라지 않았는가?

- 타인과 분쟁을 일으키지 않았는가?

- 집중력이 부족해서 에너지를 낭비하지 않았는가?

- 관대한 마음으로 남의 잘못을 용서했는가?

- 어느 부분의 재능이 진보했는가?

- 무절제한 일은 없었는가?

- 타인에게 존경받을 만한 행동이나 태도를 보였는가?

- 독단으로 자신의 의견만을 고집한 적은 없었는가? 항상 정확한 분석에 따라 판단했는가?

- 시간, 지출, 수입 등이 모두 예정대로 관리되었는가?

- 양심에 가책이 되는 행동을 한 적이 있는가?

- 누군가를 불공평하게 대했는가? 누구에게 그랬는가?

- 현재 하는 일이 마음에 드는가? 그렇지 않다면 무엇이 원인인가?

- 나는 성공할 수 있다고 생각하는가?

주기적으로 나의 상태를 파악하는 가장 좋은 방법은 일기를 쓰는 것이다. 일기를 통해 하루를 되돌아보고 나의 내면을 점검할 수 있다. 내 일상에 어떤 일이 일어나고 있는지, 나는 특정 사건이나 행동에 대해 어떻게 반응하는지, 어떤 감정을 느끼는지 나를 둘러싼 환경과 나 자신에 대한 이해도를 높일 수 있다. 오늘 일어난 좋은 일과 나쁜 일을 점검하고, 개선해야 할 점은 무엇인지 분석하면 잘한 행동은 강화하고 실수의 반복을 줄일 수 있다. 감사한 일들을 꾸준히 기록하면 삶을 긍정하게 되고 발전적인 방향으로 나아가는 계기가 된다. 미래에 대한 다짐이나 계획을 씀으로써 잠자는 동안 뇌가 내가 원하는 방향으로 내일을 준비하게 할 수 있다.

# 실패하되 패배감에 빠지지 마라

완전히 지쳐 어떤 것도 하기 어려워 보일 때가

인생의 새로운 페이지를 넘기기 위한

멋진 기회이기도 하다.

# 실패는 없다, 실험만 있을 뿐이다

## 8개월 만에
## 3억 빚이 생겼다

나는 지방대를 졸업하고 겨우겨우 기회를 얻어 광고 회사에 취직했다. 광고 회사에서 일하며 몰입과 성취감을 맛봤다. 일이 익숙해지니 내 사업을 하고 싶다는 열망이 생겼다. 고향인 부산으로 내려가 사업을 시작했다. 그 후 10년간 사업가로 27개 프로젝트를 진행해서 24개가 망했다. 돈을 잃고 빚을 내어 사업을 하고 그렇게 번 돈으로 빚을 갚고 다시 돈을 잃는 일이 반복됐다. 150억 원을 잃었다. 그 과정에서 나는 언제 어떻게 실패하는 사람인지, 언제 어떻게 성공하는 사람인지 나에 대한 이해도가 높아졌다. 실패를 연구하며 100퍼센트 성공하는 방법도 알게 됐다.

첫 사업은 국내 첫 야구 신문을 창간한 것이었다. 신문사 이름은 '갈매기 타임즈'. 부산 지역이 연고지인 롯데자이언츠 팬들을 대상으로 한 신문이었다. 롯데자이언츠의 응원 방식 중에 찢은 신문으로 응원하는 것이 있었다. 나는 '팬들이 신문을 찢기 전에 한 번만 읽어주면 이 신문은 대박'이라며 성공을 확신했다. 그간 모은 돈 1억 5000만 원에 대출 1억 5000만 원을 더해 3억 원으로 첫 창업에 도전했다.

1호 신문이 창간됐다. 신문 3만 부를 가지고 야구장으로 향했다. 현장에서는 충격적인 사건의 연속이었다. 사람들은 단 한 번도 펼쳐보지 않고 10부를 주면 10부를 다 찢고, 100부를 주면 100부를 다 찢고, 3만 부를 주면 3만 부를 다 찢었다. 신문이 성공하려면 사람들이 '읽고' 찢어야 하는데, 읽는 행동을 하는 사람이 단 한 명도 없었다. 완전한 판단 실수였다.

한참 열심히 신문을 나눠주고 있는데 한 할머니가 오시더니, 덥석 신문 한 덩어리를 들고 가시는 것이었다. 내가 못 가져가게 말리자 할머니가 말씀하시길, "어차피 사람들이 다 찢을 건데, 내가 폐지로 팔자. 4만 원 벌고 싶어"라는 것이었다. 그 한 덩어리를 찍는 데 37만 원이 들었는데, 몇 시간 만에 4만 원짜리 폐지로 전락한 것이다.

실패는 수장이 가장 먼저 안다. 실패를 선언하기 한두 달 전에는 실패로 끝나겠다는 것을 어렴풋이 느꼈고, 일주일 전에는 감은 눈을 뜨고 싶지 않았다. 이 모든 것이 꿈이기를 바랐기 때문이다. 그러다 꿈이 아니라는 것을 깨달으면 쌍욕을 하며 자리에서 일어났다. 희망에 가득 차서 사업을 시작했지만, 8개월 만에 1원도 벌지 못하고 빚까지 떠안으며 폭삭 망했던 것이다. 2010년 6월 30일이었다. 전 재산인 1억 5000만 원은 모두 날아갔다. 거기에 1억 5000만 원의 빚이 더해졌다. 서른다섯에 떠앉은 빚은 무서웠다.

사업을 접고 혼자 텅 빈 사무실에 앉아 주체할 수 없는 눈물을 흘리며 사진 기자가 찍은 1만 장의 사진을 바라보았다. 여덟 시간 동안 한 장 한 장 보는데, 눈에 확 띄는 것이 있었다. 야구장 객석에 앉은 관중이 쓰고 있는 미키마우스 모양의 머리띠였다. 순간 머릿속이 번쩍였다. 잠이 확 깨는 기분이었다.

그다음 날, 혼자 사무실에 앉아 색종이를 오려서 미키마우스 머리띠를 만들기 시작했다. 미키마우스의 귀 양쪽에 야구 선수의 이름을 색종이로 오려 붙였다. 10개를 만드는 데 여섯 시간이 걸렸다. 그래서 뿔뿔이 흩어진 직원들에게 전화를 걸어 머리띠를 같이 만들어 팔자고 설득했다. 직원들은 "제 전화번호를 지워주셨으면 좋겠습니다"라고 했다. 나는 "내일 데리러 갈게"라며 전화를 끊었다.

다음 날 나를 포함해 세 명이 사무실에 둘러앉았다. 속도는 2차 산업혁명이 일어난 것처럼 빨라졌다. 혼자 여섯 시간 동안 10개를 만들었는데, 셋이서는 여덟 시간 만에 100개를 만든 것이다. 수작업으로 만든 머리띠를 들고 인천 SK 행복드림구장으로 향했다. 15분 만에 100개를 완판했다. 야구 신문 사업에 3억 원을 쓰면서 단 1원도 벌지 못했는데, 15분 만에 50만 원을 벌었다. 나는 다시 꿈을 꾸기 시작했다. '머리띠 왕이 되겠다!'

야구 신문을 통해 알게 된 야구 관계자들이 아이템이 괜찮다며 매장에 입점시켜주었다. 여덟 개 야구 구단에 머리띠를 납품했고, 주말에는 하루 매출이 1000만 원씩 나왔다. 2년 만에 빚을 다 갚고 3억 원의 종자돈이 생겼다.

나는 EBS에 찾아가서 평소에 눈여겨본 '토목달(토익목표달성)' 브랜드에 3억 원을 투자하고 싶다고 했다. 내부 직원들은 엄청나게 반대했다. 생고생해서 3억 원을 만들었는데, 그 돈을 전혀 다른 분야에 투자하는 것을 불안해했다. EBS는 우리 투자금에 관심도 없었다. 두 번이나 거절당했다. 그런데 토목달을 담당하는 부장님이 세 번째 바뀌면서 우리 제안을 받아주었다. 그리고 놀라운 일이 생겼다. 투자한 지 1년 반 만에 3억 원이 150억 원이 되었다. 투자라 수익금을 분배하는 방식이었는데 토목달이 그사이 대박이 난 것이었다.

토목달을 성공시킨 것은 우리가 제안한 '0원' 가격 전략이었다. 요즘 교육 업계에서 흔히 사용하는 '수업을 끝까지 다 들으면 강의료를 돌려줍니다'라는 가격 전략을 최초로 도입했다. 토목달에 투자하고 회원 수강 내역 데이터를 열어봤더니 강의를 구입한 사람 중에 끝까지 완강하는 사람은 10퍼센트밖에 되지 않았다. 더 놀라운 것은 돈을 주고 사놓고 20퍼센트는 아예 열어보지도 않았다는 것이었다. 처음에는 깜짝 놀랐지만, 나 역시 사놓고 읽지 않았던 많은 책을 떠올리니 이해가 됐다.

그래서 생각해봤다. '어떻게 하면 이 강의를 끝까지 듣게 할까? 돈을 주면 어떨까?'라는 생각이 들었다. 그래서 강의를 끝까지 들으면 전액 환불해주는 전략을 생각해냈다. 전액 환불해주면 어떻게 돈을 버느냐고 반대하는 사람들이 많았다. 그래서 나는 "회원 중 10퍼센트 정도가 더 완강할 것 같습니다. 그러면 10퍼센트 할인한 것과 똑같지 않겠습니까? 10퍼센트 할인 프로모션이라 생각합시다"라고 설득해서 진행하게 되었다.

토목달의 성공으로 벌어들인 150억 원으로 홍대에서 100평 카페를 운영하고 식자재 유통에도 뛰어드는 등 다양한 사업을 시도했지만 거의 대부분이 망하면서 돈을 날렸다. 나는 사업 실패의 이유가 사업 목적이 분명하지 않았기 때문이라고 생각했다. 그래서 '사람들의 잠재력을 이끌어주는 자기계발 회사가 된다'는 미션을 정하고 온라인 영어 회화 서비스 야나두를 시작했다.

## 하루 세 번
## 양치질의 힘

EBS 파트너사로 토목달 서비스를 하며 쌓아올린 영어 교육 시장에 대한 이해와 마케팅 역량이 있었다. 영어 교육 콘텐츠를 잘 만드는 회사에 지분 투자를 했다가 아예 인수까지 해서 콘텐츠에도 자신이 있었다. 그간 벌었던 회사 자금과 은행에서 빌린 돈을 합쳐 50억가량의 자본금을 마련했다.

그 당시 온라인 영어 회화 시장은 A사가 75퍼센트를 독점하고 있었다. 그 시장에서 경쟁력을 가지려면 강력한 마케팅이 필요하다고 판단하고 TV 광고를 진행하면서 자본금 50억 원이

3개월 만에 흔적도 없이 사라졌다. 5월에는 회사 통장 잔액이 11만 원밖에 되지 않을 정도로 어려운 상황이었다. 폐업 위기였다. 그 과정에서 회사의 미래를 불안해하는 사람은 모두 퇴사하고, 어떻게든 회사를 키워보려는 열의가 있는 직원만 남았다. 원하지는 않았지만 자연스럽게 구조조정이 일어났다.

첫 사업이었던 신문사가 망하고 5년이 지난 시점이었다. 그때보다 더 큰 두려움이 몰려왔다. 예전에는 잃은 돈이 3억 원이었는데, 지금은 50억 원이었다. 은행에서 빌린 돈도 있지만, 서비스가 중단되면 수강생 환불도 시작될 터였다. 예전에 사업이 망했을 때는 자다가 일어나 꿈이기를 바랐는데, 이제는 아예 두려움에 잠이 오지 않았다. 큰 덩치가 침대에서 오들오들 떨었다. 스물네 번을 실패했다고 실패가 쉬워지지는 않는다. 실패에 대한 두려움과 공포는 점점 더 커졌다. 실패가 얼마나 힘든 것인지 잘 알기 때문에 실패의 공포는 반복될수록 더 커졌다.

아침에 두려움과 실패감을 느끼며 회사에 출근했다. 만나는 사람마다 나를 실패자라고 생각하는 것 같았다. 더 이상 무엇도 할 수 없을 것 같은 무력감이 들었다. 확신할 수 있는 것이 아무것도 없었다. 실패했을 때는 다시 도전하면 기회를 잡을 수 있지만, 문제는 실패하면 다시 도전할 힘을 내기가 굉장히 힘들다는 것이었다.

그 공포감을 이기고 회사를 다시 정상 궤도에 올려놓기 위해 나는 100퍼센트 성공할 수밖에 없는 일을 100퍼센트 성공해내기로 했다. 95퍼센트의 성공 가능성도 안 된다. 반드시 100퍼센트 성공할 수 있는 일에 도전해 100퍼센트의 성공을 맛봐야 했다. 성공의 감각을 되찾고 자신감을 회복하려면 아주 작은 것에서부터 성공을 쌓아나가야 했다. 내 손가락을 꼼지락꼼지락 움직이듯이 내가 완전히 통제할 수 있는 것에서부터 성공을 해야 했다.

그 첫 번째가 하루 세 번, 3분씩의 양치질이다. 양치질을 해내면서 '나는 3분의 양치질에 성공했다. 아주 잘하고 있다. 나는 내가 자랑스럽다'라고 생각했다. 하루 세 번 밥을 먹으며 '나는 밥 먹기에 성공했다. 아주 잘하고 있다. 나는 내가 자랑스럽다'라고 생각했다. 그리고 확실한 성공을 해낼 수 있는 일의 리스트를 하나씩 늘려갔다.

내일을 불안해하고 두려워하는 대신, 오늘의 작은 성공만 생각했다. 영화 〈아저씨〉에서 원빈이 했던 대사를 떠올렸다. "니들은 내일만 보고 살지? 내일만 사는 놈은 오늘만 사는 놈한테 죽는다. 난 오늘만 산다." 나는 원빈보다 더 시간을 쪼개, 지금

이 순간의 성공을 위해서만 살겠다고 결심했다.

상황은 최악이었지만 마음은 진정되고 편안해졌다. 내가 나를 컨트롤할 수 있으니 다른 사람도 편하게 대할 수 있게 됐다. 내가 힘들고 고통스러워하면 상대는 처음에는 측은지심을 발휘하지만 이것이 반복되면 계속 만나는 걸 부담스러워한다. 사업은 혼자 하는 것이 아니라 직원, 파트너, 고객들과 함께하는 것이다. 그래서 내가 심리적으로 안정되니 다른 사람들과의 일도 더 원활해지고 기회들이 하나둘 생겨났다. 같이 일을 더 잘 도모하게 됐다.

2016년 9월 16일에 결정적인 사건이 있었다. 추석 마지막 날이었는데, 갑자기 매출이 3배가 늘어난 것이다. 2016년 1월부터 마케팅을 시작하여 추석이 있던 9월까지 9개월 동안 우리 강의를 수강한 사람들이 추석 명절에 만난 사람들에게 야나두를 추천한 것이었다. 대이동한 인구가 반가운 사람들을 만나 "야나두 해보니 괜찮더라"라고 이야기했고, 그 입소문은 추석 마지막 날에 매출이라는 지표로 나타났다. 그날부터 매일 매출이 완만하게 성장하기 시작했고, 회사 통장 잔고도 안정적으로 늘었다.

10월이 되자 투자자가 찾아와서 투자를 하고 싶다고 했다. 성장 가능성이 높은 시장을 한 회사가 독점하고 있는 상황이라서, 다른 두세 회사가 크게 성장할 여력이 있다는 것이었다. 그 중 야나두가 콘텐츠 평이 좋으니 투자하고 싶다고 했다. 그렇게 거액의 투자를 유치했고, 마케팅에 한 번 더 제대로 돈을 쓸 수 있는 여력이 생겼다.

당시 우리는 이전 TV 광고의 참패로 깨달은 것이 있었다. 경쟁사가 A급 모델을 기용했기 때문에 우리도 인지도를 가지려면 비슷하게 센 모델이 필요하다는 것이었다. 우리가 선택한 모델은 배우 조정석 씨였다. 계약할 당시만 해도 조정석 씨는 '납득이'라는 캐릭터를 가진 재미있는 형이었다. 그런데 그 후 드라마 〈질투의 화신〉이 흥행에 성공하면서 조정석 씨에게는 시크함이라는 새로운 캐릭터가 생겼다. 우리는 그 시크한 이미지를 차용해서 광고를 했는데 대박이 났다.

## 24번 실패해도
## 성공한 사업가라 불리는 이유

성공에는 많은 요소가 필요하지만 그중 매우 중요한 것은 '내가 함께하는 사람이 누구인가'다. 이상하게도 어떤 사람과 함께 일을 하면 프로젝트가 성공하는 경우가 있다. 야나두의 광고를 만든 드림팀이 그랬다. 광고 감독, 매체 미디어 믹스 담당자, 광고 대행사, 배우 조정석 씨는 드림팀이었다.

대박 난 광고는 TV 광고용으로 만든 것이 아니었다. 제작비 1억 원을 투자해 일곱 시간 동안 찍은 본편은 따로 있었다. 그런데 감독님이 아이디어를 내더니 바이럴용을 한 번 더 찍자고 했다. 감독님은 30분 만에 구상을 하고 우리 직원은 10분 만에 카피를 뚝딱 만들어, 바이럴용 광고를 찍었다. 조정석 씨는 집에서 엄청나게 연습을 하고 왔기 때문에 예고 없이 찍은 바이럴용 광고도 센스 있고 소구력 있게 연기해냈다. "야, 너도 할 수 있어"라는 대사를 하면서 고개를 5도 틀었는데, 그 각도에는 사람의 시선을 장악하는 힘이 있었다. 그 별것 아닌 작은 행동 하나가 시청자와의 아이콘택을 이끌어내며 광고에 힘을 실었다. 대행 업체의 미디어 믹스 담당자는 원래 계약한 패키지가 있었음에도 아이디어를 내서 새로운 패키지를 제안해줬다. 그 패키지가 바이럴의 파도를 만들었다.

TV광고용으로 찍은 본편 광고에는 별 반응이 없었다. 그런데 페이스북에 바이럴용 광고를 올렸더니 하루 만에 조회수 100만 뷰에 공유 횟수가 수만 회가 되었다. 계획을 빠르게 수정해 바이럴용 광고를 TV에 내보냈다. 조정석 씨의 시크함이 묻어난 계단 신Scene은 큰 사랑을 받았고 야나두의 인지도는 단숨에 상승했다. 광고의 위력은 컸다. 2017년 1월 2일에 하루 매출이 14억 원이었다. 2016년 5월까지만 해도 통장 잔고가 11만 원인 죽기 일보 직전이던 회사가 7개월 만에 반전에 반전을 거듭해 급성장을 이룬 것이다.

야나두가 성공한 결정적 계기는 드림팀 구성원들의 일에 대한 태도였다. 그들은 목표가 있으면 목표를 이루기 위해 작은 것 하나라도 더 해보려고 노력하는 사람들이었다. 만약 감독님이 계약대로 일곱 시간 동안 본편만 찍었다면, 지금처럼 성공한 야나두는 없었을 것이다. 감독님을 비롯한 동료들의 집념이 성공 확률을 높였다.

나는 스물일곱 번 시도해 스물네 번 실패했지만 사람들은 나를 성공한 사업가라고 부른다. 한때는 빚지고 감옥 갈 일만 남았다고 생각한 적도 있었지만, 지금은 사업 목표를 도미노처럼 연달아 달성하고 있기에 스스로도 성공의 길을 걷고 있다고 생각한다.

성공으로 가는 길에 실패를 만날 가능성은 매우 높다. 태국을 목적지로 여행하다가 도중에 버스를 놓칠 수도 있고, 길에서 소매치기를 만날 수도 있다. 폭우로 다음 비행기를 타야 할 수도 있고, 갑자기 전염병이 돌아 여행 일정이 미뤄질 수도 있다. 여행의 꿈에 부풀어 있다가 이런 악재를 만나면 기분이 나빠지고, 여행지를 바꿀까 고민되고, 여행을 아예 가지 말까 하는 생각도 든다. 하지만 마음을 가라앉히고 문제를 하나씩 해결하면 목적지에 도달할 수 있다. 좀 더 기다렸다가 버스를 타고, 소매치기를 경찰에 신고한 뒤, 다른 예산을 빼내 여행 경비를 마련하고, 다음 비행기로 여행을 떠나면 된다. 이번에 태국에 못 가면 좀 더 기다렸다가 좋은 때에 가면 된다. 목적지가 분명하고 목적지에 가겠다는 마음만 포기하지 않으면 목적지에 갈 기회는 언제든 생긴다. 아프리카에서는 기우제를 하면 비가 반드시 온다. 비가 올 때까지 기우제를 지내기 때문이다.

한 번에 성공하는 사람은 없다. 실패는 목적지에 도달하는 과정에서 누구나 겪는 하나의 경험일 뿐이다. 과학자들은 '실패는 없다, 실험만 있을 뿐'이라며 의미 있는 결과가 나올 때까지 실험을 멈추지 않는다. 아이폰으로 지구인의 생활 방식을 바꾼 스티브 잡스도 전설로 거듭나기 전에는 자신이 만든 회사인 애플에서 쫓겨난 적이 있다. 농구 역사상 최고의 선수인 마이클 조던은 "나는 9000번 이상의 슛을 실패했습니다. 거의 300번의 경기를 패했습니다. 경기를 이기기 위한 마지막 슛을 던졌지만 실패한 것이 스물여섯 번이었습니다. 그때마다 되돌아와서 100번 넘게 슛 연습을 했습니다"라고 했다. 요기 베라는 뉴욕 메츠 감독 시절, 미 동부 지역 리그에서 꼴등을 하고 있었다. 기자가 "당신은 안 돼"라고 하자, 요기 베라는 "끝날 때까지 끝난 것이 아니다"라며 승부욕을 불태우고 지역 리그에서 1등을 했다.

# 경험과 감정을
# 분리하라

## '웃으면
## 복이 온다'는 말

목표를 달성하기 위해서는 반복되는 실패를 버티고 나아가는 힘이 필요하다. 목표를 달성하느냐의 여부는 실패를 마주했을 때 포기를 하는지, 다시 한 번 더 시도하는지에 달려 있다.

반복되는 실패에도 계속 시도해나가기 위해서는 실패 감정을 통제해야 한다. 실패 경험과 실패 감정을 분리해야 한다. 실패 경험은 하되, 실패 감정은 최소화해야 한다. 실패 경험은 성장을 위한 최고의 스승이 될 수 있다. 하지만 무력감, 절망감, 굴욕감, 열패감 등을 불러일으키는 패배감은 목표를 향한 여정을 포기하게 한다. 마음이 패배감으로 가득하면 더 이상의 시도조차 하지 못하게 된다. 한 번의 실패가 마지막 도전이 되고 만다. 끝까지 해내는 그릿Grit을 앗아간다.

패배감이 무서운 또 하나의 이유는 내가 패배감에 빠져 있으면 다른 사람들이 나를 멀리하기 때문이다. 힘들어하는 사람을 한두 번 위로해줄 수는 있어도 패배감이 반복되면 다시 만나고 싶지 않은 사람이 된다. 이 세상에 힘든 사람을 계속 위로해줄 사람은 없다. 아무리 부모님이라도 패배감에 빠져 있는 자식을 계속 돌보는 것은 괴롭고 피하고 싶은 일이다. 기분 좋게 이야기하고 실패에 대한 긍정성을 보여주어야 다른 사람도 내 목표에 참여하고 싶어한다.

사건과 감정은 한 세트가 아니다. 사건과 감정은 분리가 가능하다. 같은 자극에 다른 감정을 불러일으키는 것이 가능하다. 감정이 일어나는 원인을 이해하면 감정을 조절할 수 있다.

미국 캔자스 대학의 연구진은 대학생을 대상으로 스트레스 실험을 했다. 연구진은 참가자들을 세 그룹으로 나누었다. 연구진은 세 그룹에게 나무젓가락을 입에 물게 하고 각각 다른 표정을 짓게 했다. 첫 번째 그룹은 무표정, 두 번째 그룹은 미소, 세 번째 그룹은 광대까지 올라가는 환한 미소를 짓게 했다.

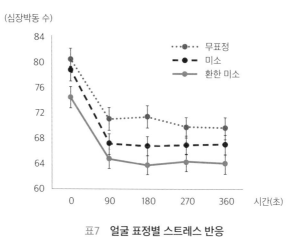

(심장박동 수)

표7 **얼굴 표정별 스트레스 반응**

그다음 각 그룹에게 스트레스를 받는 과제를 주고 심장박동 수를 측정했다. 또 아주 차가운 물에 손을 담그게 하고 심장박동 수를 측정했다.

그 결과 똑같은 스트레스를 받더라도 무표정보다 미소를, 미소보다 환한 미소를 지은 참가자들의 심장박동 수가 빠르게 낮아졌다. 즉 스트레스의 압박감에서 영향을 적게 받았다. 실험 후 주관적인 감정을 묻는 질문에서도 환한 미소를 지은 그룹은 기분이 더 좋다고 했다.[1]

웃으면 복이 온다는 말은 과학이다. 불행해도 웃으면 기분이 좋아진다. 웃음과 행복은 밀접하게 연결되어 있어서, 뇌는 웃기만 해도 행복한 상황이라고 인지하고 행복한 이유를 찾는다. 실패했다고 죽을상을 하고 있으면 더 우울해진다. 실패했을 때는 오히려 웃을 일을 찾아 실패 감정에서 빠져나오는 것이 좋다.

나폴레온 힐은 자기 연민에 빠지면 모두가 당신을 피하며 멀리할 것이라고 조언한다. 유명 영화감독이었으나 불운으로 파산한 그의 친구는 실패에도 개의치 않고 가슴에 꽃을 달고 태연하게 거리를 활보했다면서 낙관적인 태도의 중요성을 강조했다.

"그 당시 나는 그와 함께 있었는데, 우리는 허름한 레스토랑에서 싸구려 음식을 먹어야만 했다. 그나마 토머스가 유명한 화가인 제임스 막베이에게 돈을 꾸지 못했더라면 그곳에도 갈 수 없었을 것이다. 로웰 토머스는 막대한 부채와 심각한 실의에 직면했음에도 불구하고 고민하지 않았다. 그는 이 역경에서 좌절해버린다면 채권자나 세상 앞에서 완전히 무가치한 인간이 되어버린다는 것을 잘 알고 있었다. 그래서 매일 아침 집을 나서기 전에 꽃을 사서 가슴에 꽂고 태연한 태도로 발걸음 가볍게 옥스퍼드 거리를 활보하고 다녔다. 그는 용감하고 적극적인 생각을 품고 패배에 항복하는 것을 거부했다. 그에게 진다는 것은 게임에 지는 것에 지나지 않았다. 그는 이 시련은 정상을 노리는 사람에게 필요한 훈련에 불과한 것이라고 생각했다."[2]

내가 야나두 사업 도중 큰 실패를 마주했을 때 하루 세 번 양치질에 집중한 것은 패배감을 이겨내기 위해서였다. 곧 망할지도 모르는 상황은 변함없었지만, 단지 감정을 조절하는 것만으로도 상황을 수습하고 사람들을 다시 규합하고 나음 단계로 도전하는 데 큰 도움이 됐다.

일상에서 성공 감정을 느끼게 해주는 이벤트는 도처에 있다. 양치질하기, 밥 먹기, 길에 떨어진 쓰레기 줍기, 인사하기, 5분 걷기, 기분 좋은 메시지 보내기 등. 반복되는 실패로 패배감이 든다면 내가 오늘 해낸 작은 성공들에 집중하여 성공 감정을 되찾아보는 것이 좋다.


## 실패는
## 일시적인 이벤트

실패를 대하는 또 하나의 중요한 관점은 실패 경험은 일시적임을 인지하는 것이다. 아기는 걷는 법을 배우기 위해 수백 번, 수천 번을 넘어지면서도 다시 도전한다. 그런 아이를 바라보며 실패자라고 하는 사람은 없다. 아이 스스로도 실패자라 여기지 않을 것이다. 걷고 싶다는 열망으로 모든 시도에 최선을 다할 것이다. 넘어질 때마다 부모의 넘치는 응원을 받으며 용기를 낼 것이다.

아기가 걷지 못하는 것을 영구적인 상태로 인지하는 사람은 아무도 없다. 아기는 걷기 위해 꼭 필요한 시행착오의 과정을 겪고 있다는 것을 모두가 안다. 걷기를 시도하며 수백 번 넘어지는 아이를 바라보는 그 시선과 마음으로 나 자신을 바라봐줄 수 있어야 한다. 나의 실패를 과정으로 인지해야지 실패자라는 결과로 인지하지 말아야 한다.

셀리그먼의 연구에 따르면 낙관론자와 비관론자는 주어진 일을 제때 끝내지 못했을 때 상반된 반응을 보인다. 비관론자는 "나는 모든 것을 망쳐놔", "나는 실패자야"라고 말한다. 이는 실패를 영구적인 것으로 해석하는 것이다. 이때 내가 바꿀 수 있는 것은 별로 없다. 이런 관점을 강화하면 하나의 실패뿐만 아니라 인생 전반을 부정적으로 인식하게 된다. 사소한 실패 하나가 인생의 대형 참사가 된다. 반면, 낙관론자는 "내가 시간 관리에 실패했어", "주의가 산만해져서 효율적으로 일하지 못했어"라고 말한다. 실패의 원인이 일시적이고 특수하기 때문에 부단한 노력을 통해 해결 가능하다. 이런 문제의식은 문제를 극복해

낼 동기를 부여해준다.[3]

　사람의 생명을 다루는 의사도 인간인지라 실수를 한다. 하지만 그 대가가 너무 무거워서 그 실패를 인정하기란 쉬운 일이 아니다. 의사인 마틴 새뮤얼스 역시 실패와 실수를 하지 않으려고 노력하지만 그럼에도 실수를 한다. 하지만 그는 다른 의사와 다르게 실패와 실수를 기꺼이 포용한다. 잘못을 자책하기보다는 세심하게 기록하여 콘퍼런스 등에서 다른 의사들과 공유한다. 실패와 실수가 없다면 의학은 발전하지 못할 것이라는 믿음 때문이다. 그는 만약 의사가 실수나 실패를 두려워하지 않고 받아들이며, 부끄러워하기보다 학습의 기회로 여긴다면 질병이라는 진짜 적을 이길 수 있을 것이라고 말한다.[4]

　미국 미식축구팀 미네소타 바이킹스에서 선수로 뛴 짐 마셜은 땅에 떨어진 공을 움켜쥐고 관중의 환호성을 들으며 터치다운을 하기 위해 내달렸다. 하지만 반대 방향으로 뛰는 바람에, 전국에 생중계된 경기에서 상대팀의 점수를 올려주는 엄청난 실수를 저지른다. 인생에서 가장 치욕적인 순간이었다.

　그러나 그는 하프타임에 이렇게 생각했다. '실수를 저질렀다면 바로잡아야지. 내게는 아직 선택의 기회가 있어. 이대로 주저앉을 것이냐, 아니면 뭔가 해낼 것이냐.' 후반전을 대비해 나음을 가다듬은 그는 생애 최고의 플레이를 선보이며 팀에 승리를 안겨주었다.

그의 행동은 많은 사람에게 영감을 주었다. 사람들 앞에서 실패 경험에 대한 연설을 하고, 그의 경험에서 용기를 얻은 사람들로부터 편지 세례를 받았다. 그 경험을 통해 마셜은 스스로 더 나은 선수, 더 나은 인간이 될 수 있었다고 한다.

한때 세계 최고의 요리사였던 베르나르 루아조는 〈미슐랭 가이드〉에서 최고 평점인 3스타를 받았다. 그의 레스토랑은 프랑스에서 3스타를 받은 몇 안 되는 식당 중 하나였다. 하지만 프랑스의 레스토랑 가이드북 〈고미요〉에서 루아조의 점수를 19점(20점 만점)에서 17점으로 2점 깎았고, 새로 발간될 〈미슐랭 가이드〉에서도 별 등급을 하나 줄일 것이라는 소문이 돌자 그는 자살했다. 결국 헛소문에 불과했음에도 실패할지 모른다는 압박감에 그는 최악의 선택을 했다.[5]

사람의 역량은 계속해서 개발 가능하다. 지금의 상태에서 더 나아질 수 없다고 믿으면 좌절하게 된다. 실패는 일시적인 이벤트일 뿐이다. 그런데 이 상태가 영구적이라 믿으면 희망을 잃게 된다. 역량은 계속 성장할 수 있다는 과학을 기반으로 믿음을 가져야 한다. 실패는 값진 경험이며 성공을 향한 과정이라는 것을 진심으로 믿어야 한다. 역량이 더 성장할 수 있다는 것을 믿으면 실패에 낙담하기보다는 실패를 통해 내가 무엇을 배우고 있는지에 집중하게 된다.

실패를 마주했을 때 성장에 집중한 대화를 자기 자신과 나누는 것도 실패를 이겨나가는 데 매우 중요하다. 아홉 살인 엘리자베스가 실패를 했을 때 그녀의 아빠가 딸에게 들려준 이야기를 토대로 나와 대화를 해보는 것도 좋을 것이다.

엘리자베스는 처음으로 체조 경기에 출전할 준비를 하고 있었다. 경쟁이 부담되기는 했지만 체조를 정말 좋아했고 자신감도 있었다. 우승 리본을 방 어디에 매달지 미리 생각도 해두었다. 경기 당일, 엘리자베스는 연기를 잘해냈지만 우승을 하기에는 성적이 모자랐다. 그녀는 아무 리본도 받지 못하자 절망에 빠졌다. 그때 엘리자베스의 아빠가 이런 이야기를 해주었다.

"엘리자베스, 네 기분이 어떨지 안다. 기대가 컸고 최선을 다했는데 우승하지 못했으니 참 실망스러울 거야. 하지만 너도 잘 알듯이 넌 아직 부족한 부분이 있어. 이 대회에는 너보다 더 오래 더 열심히 체조를 해온 아이들이 많이 참가했단다. 만약 체조가 좋다면 앞으로 정말 열심히 노력해야 하는 거야. 취미로 체조를 하는 거라면 이 정도로도 충분하지만, 경생에서 이기려는 거라면 더 많은 노력이 필요해."

엘리자베스는 아빠의 말을 가슴 깊이 새겼다. 훈련 시간을 늘리고 약한 종목을 반복 연습했다. 그리고 다음 대회에서 종합 우승을 차지해 거대한 트로피를 들고 집으로 돌아왔다. 지금 엘리자베스의 방 벽면은 우승 트로피로 가득 찼다.[6]

# 먼 길은 경쟁하며, 함께 가는 것이다

당신에게 가장 중요한 때는 현재이고,

당신에게 가장 중요한 일은 지금 하고 있는 일이며,

당신에게 가장 중요한 사람은

지금 만나고 있는 사람이다.

# 성장하는 커뮤니티에
# 속하라

**거울 뉴런의
비밀**

수영 선수들을 연구한 사회학자 댄 챔블리스는 "훌륭한 수영 선수가 되는 가장 현실적인 방법은 훌륭한 팀에 들어가는 것이다"라고 말한다. 훌륭한 수영 선수가 되어야 훌륭한 팀에 들어갈 수 있지만, 훌륭한 팀에 들어가야 더 성장하는 선수가 된다는 것이다.

그는 올림픽 수영 선수들을 연구하면서 '대체 어떤 괴짜들이 매일 새벽 4시에 일어나 수영 연습을 하러 가지?'라고 생각했다. '그런 훈련을 견디다니 기이한 사람들임에 틀림없어'라고도 생각했다. 하지만 모든 사람이 새벽 4시에 일어나 연습을 하러

가는 곳에 소속되면 누구나 자연스럽게 그렇게 하게 된다. 그게 별일 아닌 것처럼 느껴지고 저절로 습관이 된다. 그는 올림픽 팀에 새로 합류한 선수들이 전보다 한두 단계 발전하는 모습을 여러 차례 목격했다. 신입 선수들은 팀의 높은 기준을 따라잡았다.

그는 《그릿》의 저자인 앤절라 더크워스와의 대화에서 다음과 같이 말했다. "내가 보기에 투지를 기르는 어려운 방법과 쉬운 방법이 있는 것 같아요. 어려운 방법은 혼자 투지를 기르는 거죠. 쉬운 방법은 인간의 기본 욕구인 동조 욕구를 활용하는 거고요. 투지가 강한 사람들 곁에 있으면 본인도 더 투지 넘치게 행동하게 되거든요."[1]

사회적 동물인 사람은 집단에 속하면 비록 집단의 가치관, 사고방식, 행동이 자신의 것과 다를지라도 금세 집단에 동조하게 되며, 이는 무의식적으로 일어난다. 때문에 집단의 문화는 부지불식간에 나의 것으로 내면화되어 나의 가치관, 사고방식, 행동이 된다. 어떤 집단에 속할 것인지를 굉장히 신중하게 선택해야 하는 이유다.

내가 어릴 적 고향 부산에서는 버스 정류장에서 버스를 줄 서서 기다리는 일이 없었다. 다들 제각각 버스 정류장 인근에서 있다가 버스가 오면 우르르 달려가 버스를 탔다. 그러다 청주에 가게 되었다. 청주에서는 사람들이 버스 정류장에 줄을 서서 버스를 기다리고 있었다. 버스를 줄 서서 기다리는 모습을 처음으로 본 나는 문화 충격을 받았다. 만약 그 환경에서 버스를 먼저 타겠다고 줄 선 사람들을 제치고 버스로 달려갔더라면, 나는 무례한 사람이 되었을 것이다. 그래서 나는 부산에서 하던 행동을 하는 대신 줄 맨 뒤로 가서 버스를 기다렸다. 지금은 부산에서도 버스 정류장에서 줄을 서서 버스를 기다린다. 버스 정류장에서 줄 서는 것이 부산 지역의 문화 규범이 된 것이다.

사람이 모인 모든 자리에는 암묵적이건 명시적이건 규칙이 작동한다. 그리고 그 규칙이 행동을 규제한다. 또래 집단, 주거 집단, 회사, 지역사회, 국가 등 집단의 규범이 나의 정체성으로 내면화되기 때문에 내가 생각하기에 더 멋있고 더 좋고 더 옳은 집단에 속하려고 노력하는 것이 중요하다.

환경의 중요성은 고전에도 등장한다. 널리 알려진 맹모삼천지교孟母三遷之教는 맹자의 어머니가 자식을 교육하기 위해 세 번 이사했다는 말이다. 맹자는 어려서 아버지가 돌아가시고 홀어머니에게서 성장했다. 맹자의 집은 원래 공동묘지 근처였다. 어린 맹자가 곡을 하는 등 장사 지내는 놀이를 하는 것을 보고 맹자 어머니는 시장 근처로 이사를 했다. 그러자 맹자는 시장에서 물건을 사고파는 장사꾼들의 흉내를 내면서 놀았다. 그래서 맹자 어머니는 여기도 안 되겠다는 생각에 글방 근처로 이사를 했다. 그러자 맹자는 예법에 관한 놀이를 하며 놀았다. 맹자 어머니는 여기야말로 아들과 살 만한 곳이라 생각하고 정착했다. 그리고 맹자는 역사에 기리 남은 훌륭한 유학자가 되었다.

한편, 장사꾼이 목표인 아무개가 있다고 하자. 그렇다면 장사를 천하게 여기는 유학자들 사이에서 사는 것이 가장 나쁜 환경일 수 있다. 맹자에게는 최선의 환경이 아무개에게는 최악의 환경인 것이다. 아무개는 내가 추구하는 것을 얕잡아보는 환경에서 환경의 인식과 싸워야 하기 때문에 불필요한 에너지를 낭비하게 된다. 배우고 따를 롤모델을 찾기 힘든 데다가 노하우와 성공 경험의 공유도 적다. 목표를 달성하기 위해 혼자 의지력을 불태워야 한다. 만약 아무개가 시장으로 이사 가서 장사꾼들과 어울린다면 성공이 좀 더 쉬워진다. 환경이 주는 기회, 경험, 정보의 폭이 넓어지고, 칭찬과 응원이라는 보상을 쉽게 얻을 수 있기 때문이다. 목표에 부합하는 환경에 속하기만 해도 의식적으로, 무의식적으로 성공에 가까운 행동을 더 쉽게 할 수 있다.

환경에 따른 맹자의 행동 변화를 과학적으로 증명한 신경생리학자가 있다. 이탈리아 파르마 대학 자코모 리촐라티 교수는 1996년에 발표한 논문에서 '거울 뉴런Mirror Neuron'의 존재를 최초로 밝혔다. 20여 년 전 그의 실험실에는 머리에 전극을 꽂은 원숭이가 앉아 있었다. 앞발로 물체를 잡거나 세심하게 다룰 때, 그런 행동을 조절하는 신경을 연구하기 위해 원숭이의 하두정피실에 전극을 설치한 것이었다. 자코모 교수는 별생각 없이 원숭이가 바나나를 집을 때처럼 손을 들어 올렸다. 그랬더니 원숭이 뇌에 심은 전극과 연결된 컴퓨터에서 신호음이 들렸다. 신호음을 분석한 결과 원숭이의 뇌에서 물건을 집는 데 관여하는 뉴런이 활동한 것으로 드러났다. 원숭이는 앞발을 움직이지 않고 자코모 교수를 보고만 있었는데 말이다. 손을 드는 행동을 보기만 했을 뿐인데도 실제로 앞발을 들 때 활동하는 뉴런이 작동한 것이다. 거울 뉴런의 존재가 처음으로 확인된 순간이었다.

그 후 거울 뉴런에 대한 연구가 활발히 진행됐다. 거울 뉴런은 다른 사람의 행동을 보기만 해도 자신이 그 행동을 직접 할 때와 똑같이 활성화되는 신경 세포다. 즉 뇌는 다른 사람의 행동을 보기만 해도 마치 자신이 직접 하는 것처럼 그대로 따라 행동한다. 뇌는 상대를 내 거울처럼 여기는 것이다. 먹는 방송을 보면서 뇌는 정말 먹는다. 축구 경기를 보면서 뇌는 축구를 한다. 웃는 사람을 보면 뇌는 웃는다. 아픈 사람을 보면서 뇌는 아픔을 느낀다. 하품하는 사람을 보면서 뇌는 하품을 한다. 뇌가 상대의 행동을 그대로 따라 하기 때문에 사람은 주변 환경을 닮게 된다. 친구는 서로 닮고, 가족도 서로 닮는다. 어린이집 교사들에 따르면, 아이들은 집에서 부모들이 하는 행동을 모방해 어린이집에서 그대로 따라 한다고 한다. 아이를 보면서 부모의 행동을 유추할 수 있는 이유도 거울 뉴런 때문이다.


## 친한 사람 다섯 명의 평균이
## 바로 나

내가 어떤 사람인지 알려면, 내 주변에 어떤 사람이 있는지를 봐야 한다. 행동은 사람과 사람 사이에서 전염되기 때문에 친한 친구가 비만이 되면 나도 비만이 될 확률이 57퍼센트 높아진다. 비만인 사람은 대개 친구, 친구의 친구, 친구의 친구의 친구도 비만인 경우가 많다. 행동은 관계의 3단계에까지 전염된다. 모르는 사람도 행동에 영향을 미친다. 낯선 사람들을 무작위로 배치했을 때, 옆 사람이 많이 먹으면 나도 같이 많이 먹게 된다. 상대의 행동을 모방할 뿐만 아니라 상대의 행동이 나의 판단 기준이 되기 때문이다. 이것은 무의식적으로 발생하기 때문에 '무의식적 과식'이라고 부른다. '미꾸라지 한 마리가 온 강물을 흐린다'는 속담이 실제로 이루어지는 것이다.[2]

성공 철학자 짐론은 "당신은 가장 친하게 지내는 다섯 사람의 평균"이라는 명언을 남겼다. 오프라 윈프리는 "당신을 더욱 높은 곳까지 끌어올려줄 사람으로 주변을 채워라"라고 말했다. 긍정적인 사람이 되고 싶다면 염세적이고 비관적인 사람과 조금 거리를 두고, 긍정적인 사람을 가까이하는 것이 좋다. 회사 일을 잘하고 싶다면, 회사에서 일을 제일 잘하는 사람과 가까이 지내면 된다. 사업을 잘하고 싶다면 탁월한 사업가와 어울리면 된다. 등산을 잘하고 싶다면, 등산하는 모임에 참여하면 된다. 살을 빼고 싶다면 소식하는 사람과 밥을 먹으면 된다. 주식 투자를 잘하고 싶다면, 주식 투자를 잘하는 그룹에 속하면 된다. 부동산 투자를 잘하고 싶다면, 부동산 투자를 잘하는 그룹에 속하면 된다.

사람은 환경을 모방하기 때문에 어떤 그룹에 속할 것인가를 매우 정교하게 계획해야 한다. 대부분은 자유의지에 의해서가 아니라 어쩌다 보니 놓인 환경에서 살아가고, 그 환경을 닮아간다. 운이 좋아서 좋은 환경에 속하게 되면 좀 더 쉽고 빠르게 성공의 길을 걸을 수 있다. 만약 운이 나빠서 패배자로 가득한 환경에 속했다면 자유의지로 내 환경을 적극적으로 재설계해야 한다. 변화를 원한다면, 내가 원하는 삶을 살아가는 사람을 사귀고, 그런 그룹에 속하는 것이 가장 효과적이다. 그러면 나의 뇌는 상대를 모방해 무의식적으로 그 사람을 닮아간다.

## 마약 중독자의 삶을
## 변화시킨 것

2015년, 인문학으로 배우는 경영이라는 주제 하에 20명의 젊은 창업가가 모였다. 그런데 강의 시간이 참으로 애매했다. 토요일 오전 8시. 평일도 아닌 주말 이른 아침 시간이었다. '이 강의가 중요하다면 금요일 일정을 조정하세요'라는 메시지로 느껴졌다.

이 모임은 나의 인생을 바꾸는 결정적 역할을 했다. 좋은 동료이자 선의의 심리적 경쟁자들과의 만남이었다. 당시 회사 매출은 100억 원 정도였고 나는 '이 정도면 괜찮은 회사'라고 생각했었다. 그런데 이 모임에서는 누구나 그 정도는 하고 있었다. 그리고 대부분의 창업가들이 나보다 평균 열 살이나 젊었다. 자연스럽게 그들을 보면서 배우고, 자극받고, 위로받게 되었다. 아름다운 동행과 생산적인 경쟁심이 공존하는 곳이었다.

주변 사람을 관리하는 것은 매우 중요한 일이다. 말은 생각을 만들고, 생각은 행동을 만들고, 행동은 미래를 만든다. 좋은 생각을 가진 주변 사람을 만나는 것은 나를 성장시키는 데 매우 중요한 역할을 한다.

베트남 전쟁에 참전한 270만 명의 미군 가운데 약 20퍼센트가 파병 기간에 헤로인에 중독됐다. 닉슨 대통령은 파병 군인의 중독을 치료하기 위해 파병 군인에 대한 추적 연구를 지시했다. 저명한 정신과 연구자인 리 로빈스가 그 연구를 맡았다. 헤로인에 중독된 군인들은 체내에서 헤로인이 모두 빠져나갈 때까지 베트남에 머물러야 했다. 그리고 그 후 귀국해서 추적 관찰의 대상이 됐다. 그 결과 베트남에서 헤로인에 중독됐던 군인 중 5퍼센트만이 귀국 후에 다시 중독에 빠졌다. 놀라운 결과였다. 헤로인은 중독성이 강해서 잠시 멈출 수는 있지만 결국에는 충동적으로 다시 중독에 빠질 수밖에 없다는 것이 정설이었기 때문이다. 다른 사람들 역시 정치적 영향력 때문에 연구 결과를 조작한 것이 아니냐고 의심했다.

환경이 사람에게 미치는 막대한 영향력에 관한 연구가 계속되면서 리 로빈스의 연구 결과는 진실임을 인정받았다. 베트남 파병 군인들은 전쟁터라는 긴장 상황, 타향에서의 생활, 헤로인에 중독된 동료, 쉽게 구할 수 있는 약물 등 헤로인을 벗어나기 어려운 환경에 노출되어 있었다. 하지만 집은 달랐다. 그들은 자신을 반기는 조국, 평안한 집, 지지하는 가족, 헤로인을 구하기 힘든 환경에 놓이자 중독에서 벗어날 수 있었다. 극복할 수 없다고 생각되던 헤로인 중독도 치유 가능할 만큼 환경이 지닌 힘은 크다.[3]

《최고의 변화는 어디서 시작되는가》의 저자 벤저민 하디는 환경의 중요성을 누구보다 절감하며 성장했다. 그는 열한 살 때 부모가 이혼하면서 우울증에 걸린 약물 중독자 아버지와 살았다. 둘째 동생은 마약 중독자, 막냇 동생은 자폐아였다. 간신히 고등학교를 졸업한 그는 1년 동안 매일 피자와 탄산음료를 먹으며 게임을 했다.

그러다 스무 살이 되자 한밤중에 매일 달리기를 하며 명확하게 사고하기 시작했다. 그는 자신이 원하지 않는 삶을 살고 있다는 것을 알게 됐다. 고향에 머문다면 자신을 완전히 재설계할 수 없을 거라고 생각한 그는 고향과는 멀리 떨어져 있는 교회에서 봉사 활동을 시작했다. 새로운 환경과 역할 속에서 그는 어떤 사람이든 될 수 있었다. 2년 동안 그보다 어려운 환경에 놓인 사람들을 도왔다. 책을 읽고 일기를 쓰는 데 시간을 썼다. 그리고 고향에 돌아왔을 때 그는 더 이상 고향에서 살 수 없음을 알았다. 그는 완전히 다른 사람이 되었지만, 마약 중독인 가족, 게임 중독인 친구들의 삶은 2년 동안 전혀 바뀐 것이 없었다.

사람을 변화시키는 가장 중요한 요인은 의지나 태도가 아닌 환경이라는 사실을 깨달은 그는 원하는 삶에 도움이 되는 환경을 선택해나갔다. 4년제 대학 과정을 3년 만에 마치고 명문 대학에서 박사 과정을 시작했다. 훌륭한 멘토도 만났다. 사랑하는 여자와 결혼하고 위탁부모 자격을 얻어 삼남매를 맡았다. 더 큰 책임은 더 큰 성장을 요구했기에 커진 가족은 그가 더 성장하는 원동력이 됐다. 그는 말한다.

"당신은 달라질 수 있다. 하지만 외부 세계를 현재 상태로 놓아둔다면 변화는 결코 일어나지 않을 것이다. 당신의 환경을 바꿀 때 당신이 바뀔 것이다. 환경을 바꾸는 것은 당신의 선택이어야 한다."⁴

# '페이스메이커'가
# 필요하다

## 함께여서
## 가능해지는 것들

혼자 힘으로 성공하는 것은 매우 힘든 일이다. 성공에는 반드시 협력자가 필요하다. 좋은 협력자는 나의 잠재력을 최대한으로 발휘하도록 돕고, 내가 모르는 지식과 정보를 알려주고, 네트워크를 확장시켜주고, 실패에도 다시 일어나 목표를 반드시 달성하도록 이끈다.

마라톤에는 페이스메이커Pacemaker가 등장한다. 장거리 경주에서 페이스메이커의 도움 없이는 기록을 단축할 수 없다고 할 만큼 같이 뛰어주는 사람의 역할이 엄청나다. 아마추어 대회에서 페이스메이커는 참가자들을 위해 공식적으로 역할을 한다.

네 시간 페이스메이커는 네 시간 안에 마라톤 풀코스를 뛰는 사람으로, 이 사람을 따라 뛰기만 하면 네 시간 안에 풀코스를 완주할 수 있다. 프로 경기에서도 페이스메이커는 팀의 승리를 위해 달린다. 30킬로미터까지 선두를 달리며 팀의 속도를 이끌다가 빠진다. 페이스메이커는 다른 팀을 견제하는 한편, 자신의 팀원들이 긴장하지 않고 목표하는 속도로 달리도록 압박한다. 사람은 혼자 달릴 때보다 같이 달릴 때 더 빨리, 더 멀리 나아간다.[5]

텍사스 대학교의 수학과 교수 유리 트라이스먼은 이전에 UC 버클리에서 학생들을 가르치다가 한 가지 사실을 알게 됐다. 아프리카계 미국인 학생의 60퍼센트가 낙제를 하고 그것 때문에 학교를 중퇴하는 경우도 생긴다는 것이다. 다른 대학교의 데이터를 찾아보다가 중국계 미국인 학생은 미적분 수업에서 한 명도 낙제하지 않았다는 것을 알게 됐다.

다른 교수들에게 그 이유를 물어보았다. 그들은 아프리카계 미국인들이 대학 입학 전부터 수학 점수가 좋지 않았을 거라거나, 가난한 가정에서 성장했을 거라고 유추했다. 하지만 어떤 것도 충분한 답이 되진 않았다. 그래서 유리 교수는 직접 학생들을 관찰했다. 그리고 단 하나의 차이를 발견했다. 아프리카계 미국인 학생들은 혼자서 공부했다. 어려운 문제를 혼자 외롭게 끙끙대며 풀다가 잘되지 않으면 자신은 수학에 재능이 없다고 판단하고 포기했다. 반면, 중국계 미국인 학생들은 카페, 식당 등에 모여 친구들과 같이 공부했다. 어려운 문제를 만나면 나만이 아니라 모두가 풀기 어려운 문제라는 것을 이해했다. 그리고 머리를 맞대고 협력하여 문제를 푸는 과정에서 함께 성장했다.

유리 교수는 상처를 쉽게 받는 학생들을 모아 정서적인 지지를 제공하는 워크숍을 진행했다. 참가 학생들은 수학 문제를 함께 풀면서 각자 최고 수준의 목표에 도달하려면 무엇이 필요한지 함께 고민했다. 워크숍이 끝나고 아프리카계 미국인 학생의 낙제 비율이 2년 만에 0퍼센트로 줄어들었다. 워크숍에 참여한 아프리카계 미국인 학생과 라틴계 미국인 학생의 수학 점수가 백인과 아시아계 학생들을 추월했다.[6]

미국의 내과의사인 밥 스미스와 뉴욕 주식 중개상인 빌 윌슨은 모두 알코올 중독자였다. 다행히도 두 사람은 알코올 중독 경험에 대해 대화를 나누면서 중독에서 빠져나오는 데 성공했다. 그 과정에서 알코올 중독이라는 강박적인 중독도 경험을 솔직하게 나누고 서로 도우면 벗어날 수 있다는 것을 알게 되었다. 두 사람은 당시 이런 대화를 나누었다.

"비결은 바로 그거야. 자네가 나에게 한 것처럼 자기의 경험을 이야기하는 거지. 설교를 하지 말고."

"주정꾼에게는 주정꾼이 필요합니다. 서로 도와줘야 효과가 있는 거예요. 이해하니까요. 자신을 알코올 중독자라고 인정하는 사람부터 상대하는 것이 좋겠어요. 그런 사람들이 히ᄂ님을 찾고 평온한 마음으로 살도록 도와줘요."

"그래. 신분이 어떻든 고향이 어디든 돈이 있든 없든. 학교, 종교, 인종 아무것도 따질 필요가 없지."

"그런 사람들은 신분이 알려지는 걸 두려워하니까 신분을 노출시키지 않겠다고 약속해야 합니다."

"우리가 도와주는 알코올 환자는 같은 환자를 만나면 편안하고 안정된 감정을 느낄 수 있어야 할 텐데."

"우리도 그런 기분을 느낀 게 얼마 안 되지만 성공했습니다. 그렇다면 다른 사람들도 성공할 수 있지 않을까요?"

"해봐야지."

그리고 그들은 병원에 입원한 알코올 중독자를 찾아가 이렇게 말했다.

"우리 둘 다 알코올 중독자예요. 우리는 모두 큰 실수를 저지르곤 했죠. 참 창피한 일이었어요. 이 저주에서 벗어나고 싶지 않으세요? 술을 끊는 것 말입니다. 당신이 혼자만의 의지로 할 수 있다고 생각한다면, 여기서 쉬면서 회복하면 되겠죠. 그러나 우리는 그럴 수 없다는 걸 알았어요. 혼자서는 말이죠. 우리는 함께하면 할 수 있을 거라고 생각합니다."[7]

'익명의 알코올중독자들Alcoholics Anonymous, AA'은 알코올 중독으로 고통받던 두 사람이 알코올 중독자들을 돕기 위해 1935년에 시작한 자조 모임이다. 지금은 전 세계로 확산돼 약 200만 명이 참여한다. AA는 알코올 중독이라는 공통의 문제를 가진 구성원들이 자발적으로 모여 이전과는 다른 사회문화적 환경을 조성함으로써 중독의 문제를 이겨낸다. 서로의 문제를 솔직하게 공유하고, 알코올 중독에서 벗어날 수 있도록 격려와 지지를 한다.

알코올 연구 집단의 선임 연구원 리 앤 카스쿠타스는 이렇게 말했다. "AA 모임에 참석한 사람들은 방을 둘러보며 '이 방법이 저 사람에게도 효과가 있었다면 나한테도 효과가 있지 않을까'라고 생각합니다. 모임에 참석해서 서로 경험을 나누는 것이 효과가 큰 이유가 여기에 있습니다. 혼자 지내면 자신이 변할 수 있을까 의심하기 마련입니다. 하지만 모임은 그런 의혹을 억누르게 하는 효과가 있습니다. 요컨대 공동체가 믿음을 만들어냅니다."[8]

　AA는 알코올 중독에서 벗어나고자 하는 사람들이 자발적으로 참여한다. 스스로 알코올 중독임을 인정하고 알코올 중독에서 벗어나겠다는 자발적인 의지로 참여한다. 서로를 돕겠다는 공동의 목표, 나의 문제를 해결하겠다는 의지를 가진 사람들이 서로의 이야기를 듣고 공감과 지지를 보낸다. 비판과 비난이 없고 스트레스 환경도 없다. 성공적으로 알코올 중독을 해결해나가는 옆 사람을 지켜보면서, 나도 할 수 있겠다는 희망을 품고 의지를 다진다. 목표를 달성하기 위한 전제 조건은 '나는 할 수 있다'라는 믿음이다. 목표 달성을 가로막는 가장 큰 적은 '과연 내가 할 수 있을까?'라는 의심이다. 성공 사례가 있는 공동체와 함께할 때 의심이 줄어들고 믿음이 더 단단해진다. 두 사람만 모여도 공동체가 된다.

## 경쟁의 에너지

　　　　서울대 교육학과 신종호 교수는 서울대 재학생 120명을 대상으로(중복 응답 허용) 공부를 잘하게 된 원인에 대해 심층 조사를 했다. 그 결과 58퍼센트가 공부를 잘하게 된 동기로 '부모의 신뢰'를 꼽았다. 학생들은 부모가 주위 사람들에게 자신에 대해 자랑스럽게 이야기하고, 강요보다는 자율을 줄 때 신뢰받는다고 느꼈다. 또 집안 형편이 어려운 상황에서도 수십 권의 책을 모두 사준 것을 감사하게 생각했다.

또 '강한 경쟁 의식'이 공부에 영향을 미쳤다고 답한 학생이 33퍼센트였다. 선의의 경쟁이 자극으로 주어지면 학습 효과가 높아졌던 것이다. '비평준화 지역 특유의 열정적인 학교 분위기'가 도움이 됐다는 답변도 23퍼센트나 됐다. 조사를 진행한 2004년에는 비평준화 지역이 많았다. 이들은 학교 간의 경쟁이나 학교에 대한 자부심 등이 학습 효과를 높였다고 했다. 한편, '나는 무엇이든 할 수 있고, 다른 사람이 생각하는 것보다 능력 있는 사람'이라고 믿는 자아 효능 의식이 성적 향상에 도움이 됐다는 답변도 29퍼센트였다.[9]

사람은 누구나 기대를 받으면 거기 부응하고 싶다는 욕구가 생긴다. 때문에 나를 도와주고 응원해주고 믿어주는 사람이 주변에 있으면 목표를 더 잘 달성할 수 있다. 나를 응원해주는 사람으로 주변을 채우는 것이 중요하다. 만약 나를 응원해주는 사람이 없다면, 같은 목표를 추구하는 그룹에 소속되어 서로를 응원하는 관계를 발전시키는 것도 좋다. 서로가 서로의 성장을 믿고 지지해주는 것은 그 기대에 부합하고자 하는 자발적인 욕구를 이끌어낸다. 상대가 나의 진척 상황을 알고자 하는 것만으로 목표에 더 몰입하여 포기하지 않고 나아가게 된다. 그들이 주는 긍정적인 피드백은 자존감, 자신감, 행복감, 확신 등에 지대한 영향을 미친다. 그렇기 때문에 나에게 기대와 지지를 보내는 사람에게 감사한 마음을 가지고 감사를 표현하는 것 역시 중요하다.

성장에는 경쟁도 굉장히 중요한 요인이다. 사람은 무리 지어 살아가는 사회적 동물이기 때문에 반드시 상대가 필요하다. 공부를 잘한다고 하려면 그 기준이 되는 대상이 필요하다. 운동을 잘한다고 할 때도 그 기준이 되는 대상이 필요하다.

야나두는 자기계발을 돕는 커뮤니티 '유캔두' 앱을 운영한다. 우리가 만들어가는 커뮤니티의 핵심은 동행과 경쟁이다. 동행은 같은 목표를 향해 함께 걸어가면서 그 과정을 응원하고 지지하는 문화다. 경쟁은 좀 더 잘해내겠다는 마음을 불러일으켜서 도약을 돕는 것이다. 목표 달성 과정에는 오르막이 있고 내리막이 있다. 감정의 상승과 하락이 있다. 자신의 성향과 컨디션에 맞게 동행과 경쟁의 에너지를 조절해나가는 것이 좋다. 힘들고 포기하고 싶을 때는 '저 사람만큼만 하자'라는 마음을 갖고, 더 잘하고 싶을 때는 '저 사람보다 더 잘해내고 싶어'라는 마음을 가지면 된다. 지친 상태에서 경쟁만 하면 번아웃이 온다. 그럴 때는 동행의 에너지로 천천히 나아가면 된다. 동행의 에너지보다는 경쟁의 에너지가 더 폭발적이다. 경쟁의 에너지를 활용하면 빠르게 성장한다. 하지만 경쟁만 하면 커뮤니티가 황폐해지고 사람이 떠난다. 경쟁과 동행 문화가 조화롭게 발현되어야 한다.

아침 5시에 일어나는 습관을 만들려는 경우 혼자는 힘들지만 같이하면 할 만하다. 100명을 한 그룹에 묶고 아침 5시 이전에 기상 인증 사진을 올리게 한다. 목표를 달성한 사람에게 즉시 보상한다. 그러면 목표 달성에 따른 순위가 생기고, 자신의 순위를 보며, 더 잘하고 싶은 마음이 생긴다. 격려 순위도 있어서 다른 사람을 잘 독려하는 사람에게는 높은 점수가 주어진다. 기상 목표 달성과 격려를 모두 잘하는 사람에게는 리더의 자격과 권한을 준다. 그러면 즉각 보상, 레벨 상승, 커뮤니티 지지라는 세 개의 동기부여 요소가 동시에 작동하는 최상의 성공 환경이 조성된다. 5시 기상의 성공률이 높아진다.

내가 스스로 작은 커뮤니티를 만들어볼 수도 있다. 같은 목표를 바라보고 내가 지향하는 문화에 동의하는 사람들을 모아 함께 성장하는 커뮤니티를 작게 운영해보는 것이다. 커뮤니티에 문화가 생기고 규칙이 생기면, 그 문화와 규칙이 다시 나의 행동을 관장한다. 사람은 누구나 흔들릴 때가 있다. 하지만 커뮤니티에 속하면 흔들리는 내가 무너지지 않고 빠르게 회복하여 원하는 길을 걷도록 길잡이가 생긴다. 내가 만든 커뮤니티의 문화가 나를 지키는 원동력이 되어주는 것이다.

# 멘토가 반드시
# 있어야하는 이유

**거인의**
**어깨**

　　　　　기원전 12세기, 트로이 전쟁이 한창이
었다. 그리스 연합국에 소속된 이타카의 왕 오디세우스는 전쟁
에 나가며 자신의 어린 아들 텔레마코스를 친구에게 맡겼다. 왕
의 친구 '멘토'는 왕자를 정성껏 돌보고 가르쳤다. 그는 왕자의
정신적 지주로 엄한 아버지, 지혜로운 조언자, 자상한 선생님이
되어주었다. 10여 년 후 트로이 전쟁이 끝나고 오디세우스 왕이
돌아왔다. 왕은 훌륭하게 성장한 아들을 보며, 친구에게 감사를
표했다. "역시 자네다워! 역시 멘토다워!" 그 후 백성들은 훌륭
하게 제자를 교육하는 사람을 '멘토'라고 불렀다.

현대의 멘토는 현명하고 신뢰할 수 있는 상담자를 말한다. 내가 가고자 하는 길을 먼저 걸어보았거나 지혜가 많은 멘토에게 조언을 구하는 것은 비포장도로를 달리다가 아스팔트길로 들어서는 것과 같다. 무인도에 떨어졌는데 손에 지도 한 장이 쥐여진 것과 같다.

대학원 진학에 실패한 벤저민 하디가 네이트 램버트 교수를 만났다. 다른 교수와 2년 넘게 일하는 동안 학회지에 논문을 투고하는 것은 꿈도 꿀 수 없었던 벤저민은 램버트 교수를 만난 지 일주일 만에 학회지에 이름이 실렸다. 그와 만나고 4개월 동안 15편 이상의 논문을 학회지에 투고했다. 원하는 대학원은 어디든 갈 수 있게 됐다.

그는 "램버트 교수와의 관계는 매우 생산적이었으며, 그는 내 인생을 변화시켜준 멘토였다. 일주일에 한 번씩 산책을 하면서 내가 작성 중인 논문에 대해 의논했다. 또 장래의 큰 꿈과 목표들, 애로 사항에 대해서도 이야기를 나눴다. 그는 연구와 글쓰기에서 내 문제점들을 해결해주려고 수십 차례 개인지도를 해주었다. 내가 램버트 교수와 일하면서 얻은 글쓰기와 연구 실력은 다른 교수들과 일할 때는 얻을 수 없었던 것들이었다. 나는 내가 무엇을 모르는지 몰랐다. 또한 내 안에 잠재돼 있던 가능성을 인식하지 못했다."[10]

사업 시작과 동시에 난 대표가 되었다. 즉 우리 조직의 모든 마지막 결정은 내가 해야 했다. 모든 것이 낯선 어려운 상황이었지만, 내가 해낼 수 있었던 건 주변에 좋은 조언을 해주는 분들이 있었기 때문이다. 힘든 결정이 있을 때면 언제나 나의 멘토들에게 지혜를 얻어오곤 했다.

물론 멘토들이 처음부터 내 곁에 있었던 건 아니다. 멘토들을 만든 내 나름의 노하우가 있었다. 누군가를 만났을 때 그분의 지혜가 뛰어나다는 판단이 서면, 만남 후 꼭 문자를 보냈다. 오늘 만남에서 진심으로 어떤 부분에서 도움을 받았다고 이야기를 하고, 다음에도 조언을 구할 수 있는지 미리 여쭸다. 그러면 많은 분들이 '그렇게 하세요'라고 대답해줬다. 그리고 다음에 어떤 고민이 생겼을 때 그분에게 질문을 한다. 그러면 정말 현명한 답을 주시는 경우가 많았다.

그 이후의 처신도 중요하다. 실제 좋은 조언으로 일을 잘 끝내면, 그 결과를 그분에게 공유해드리면서 '그때 그 조언이 저에게 큰 도움이 되었습니다'라고 감사함을 표함과 동시에 기프티콘으로 커피 10잔을 보내드린다. 가끔 결정적 조언을 해준 분에게는 100잔을 보내드리기도 한다.

큰 도움을 받은 만큼 내가 할 수 있는 최대의 선물을 한다. 그중 커피를 자주 이용하는 이유는 커피 한잔을 드실 때마다 나를 생각하실 것이기 때문이다. 100잔을 선물했다면 나를 100번 떠올리게 되니 나에게는 큰 행운인 것이다.

멘토는 지금 내게 꼭 필요한 경험과 지혜를 나눠주고, 가능성을 발견하도록 돕는 역할을 한다. 멘토는 인간이 성장하기를 원하는 전 영역에 존재한다. 식단과 운동으로 다이어트에 성공한 사람은 과체중으로 다이어트를 시작하는 사람에게 좋은 멘토가 된다. 대학교 생활을 먼저 경험한 사람은 대학교 신입생에게 좋은 멘토가 된다. 회사 선배는 팀에 배정된 신입 사원에게 좋은 멘토가 된다. 신을 먼저 공부하고 경험한 전도사는 신에 대해 알고자 하는 사람에게 좋은 멘토가 된다.

야나두에도 멘토-멘티 제도가 있다. 공자가 '가르치면서 배운다'고 말했듯 누군가를 이끌게 되면 자연스럽게 나를 성장시키는 동인이 되기도 하고 내가 가진 지식이 정리되기도 한다. 야나두의 멘토는 멘티에 비해 고작 2주 더 빨리 수강한 선배일 뿐인데도 멘토-멘티 제도를 경험한 이들의 후기를 보면 서로에게 많은 도움을 받는다. 멘토는 멘티의 기대대로 되기 위해서 노력하고, 멘티는 멘토의 도움으로 성장할 기회를 가지게 되는 것이다.

인간 사회가 한계 없이 진일보하는 것은 먼저 경험한 사람들이 경험을 기꺼이 나눠주는 지식의 축적이 있었기 때문이다. 누구나 먼저 경험한 거인의 어깨 위에 서서 보다 더 높이 더 멀리 나아간다. 그리고 그다음 사람에게 자신의 어깨를 기꺼이 내준다.


## 역사 속에도
## 멘토는 있다

그릿을 연구하는 펜실베이니아 대학교 교수 엔절라 더크워스는 왜 어떤 반복 연습은 탁월한 기술로 이어지지 않는지 궁금했다. 전문가들이 세계적인 수준으로 기술을 습득하는 과정을 연구해온 플로리다 주립대학교 안데르스 에릭슨 교수에게 그 이유를 물었다.

"에릭슨 교수님, 저는 열여덟 살 때부터 매일 한 시간씩 조깅을 해왔습니다. 그런데 이전보다 1초도 빨라지지 않았어요. 수천 시간을 뛰었는데도 올림픽 출전과는 거리가 머네요."

"그거 흥미롭네요. 교수님에게는 훈련을 하는 구체적인 목표가 있습니까?"

"건강을 위해서겠죠? 청바지를 예쁘게 입고 싶다는 생각도 있고요."

"그렇군요. 달리기를 할 때 어느 정도 속도를 유지하겠다는 목표가 있나요? 아니면 목표로 세운 거리는요? 그러니까 구체적으로 향상시키고 싶은 부분이 있나요?"

"음…… 아니요, 없는 것 같네요."

에릭슨 교수는 조깅 기록을 체계적으로 기록해왔는지 물었다. 엔절라 교수는 속도, 거리, 조깅 후의 심장박동 수, 조깅과 전력 질주를 교대한 간격 등을 메모한 적도 없었다. 매번 같은 코스를 달렸기 때문에 기본적인 코스도 기록하지 않았다.

"코치도 없겠네요? 알겠어요. 의식적인 연습을 하지 않기 때문에 발전이 없는 거예요."[11]

헬스장에서 고비용을 지불하고 퍼스널 트레이너에게 수업을 듣는 것은 잘못된 나의 운동 자세를 올바르게 수정해주고, 한 시간 동안 운동하기에 가장 이상적인 운동 순서를 가르쳐주고, 여기까지라는 생각에 멈추고 싶은 마음이 드는 순간 '한 번 더' 역기를 들도록 독려하기 때문이다. 올바른 방향으로 나의 한계를 1퍼센트 더 늘리는 한 번 더의 노력이 실력을 향상시킨다.

퍼스널 트레이너는 매일 1퍼센트의 성장을 해나갈 수 있도록 격려한다.

안데르스 에릭슨은 1만 시간을 연습한다고 해도 누구나 최정상에 오를 수는 없다고 생각한다. 최정상에 오르기 위해서는 1만 시간 이상의 절대적인 연습량이 필수다. 하지만 그렇게 1만 시간을 연습해도 누군가는 최정상에 오르는 반면 누군가는 평범한 실력에 머무른다.

그는 그 주요한 이유가 '의식적인 연습'을 했느냐의 여부에 있다고 본다. 잘하는 것을 반복하는 기계적 연습을 하면 발전이 그 수준에서 멈춘다. 반면, 구체적인 목표를 가지고, 멘토의 피드백을 받으며, 즉각적으로 오류를 수정하는 의식적 연습을 하면 실력이 향상된다.

의식적 연습은 익숙한 컴포트 존Comfort Zone에서 벗어나 익숙하지 않은 것을 훈련하고 한 차원 더 높은 수준으로 개선해가는 것이다. 혼자 연습하면 나의 실력보다 더 뛰어난 수준을 구현하는 방법을 알지 못한다. 지금 내 실력에서 무엇이 부족한지, 실력 향상을 위한 가장 효과적인 방법이 무엇인지를 제대로 알기 어렵다. 그래서 내 수준으로 연습을 반복하게 되고 실력 향상은 더뎌진다.

의식적 연습을 하기 위한 좋은 방법은 훌륭한 멘토의 도움을 받는 것이다. 멘토는 내가 이만하면 됐다고 만족하려는 순간 아직 갈 길이 멀다는 사실을 상기시키면서, 다음 단계의 기대치에 대해 알려준다. 그러면 조금의 성장에 만족하기보다 더 해내고자 하는 목표 의식이 생긴다.[12]

세상에 없는 새로운 것을 창조하는 일이 아니라면, 대부분의 경우 목표로 하는 일을 나보다 먼저 이뤄낸 사람이 있다. 때문에 어떤 일을 더 잘하려고 할 때는 먼저 이뤄낸 사람들의 지혜를 빌려야 한다. 그 사람이 나의 멘토가 되어준다면 최상이다. 하지만 그런 사람을 멘토로 삼는 것은 쉽지 않은 일이다. 그럴 때에는 책, 인터넷, 각종 자료 등을 통해 그들의 경험을 간접적으로 학습하는 것이 좋다.

나폴레온 힐은 가장 존경하는 아홉 명의 인물을 가상의 멘토로 삼아 그들을 흉내 냈다. 그 아홉 명은 에머슨(시인, 사상가), 페인(철학가), 에디슨(발명가), 다윈(진화론자), 링컨(정치가), 버뱅크(원예가), 나폴레옹(황제), 포드(자동차왕), 카네기(철강왕)였다.

그는 1년 동안 매일 밤 가상 회의를 열어 멘토들과 대화를 나눴다. 목표는 그들의 개성을 나의 것으로 흡수해 성격을 바꾸는 것이었다. 상상의 회의에서 그는 멘토 한 명씩을 지명해, 그들이 했을 법한 말을 스스로 해보았다. 그리고 그들의 사고방식과 지식 체계를 흡수했다. 예컨대 다음과 같이 식이었다.

"에머슨, 당신의 인생을 훌륭한 시의 세계로 이끈 대자연에 대해서 들려주시겠습니까? 대자연의 신비를 어떻게 속속들이 알았는지, 어떻게 그 속으로 용해되어 들어갈 수 있었는지 그리고 뭐라도 좋으니 당신의 마음을 사로잡은 것을 나의 잠재의식에 심어주십시오."

"링컨, 예리한 정의감, 끈질긴 인내력, 유머와 센스, 남을 이해하는 힘, 관용의 마음 등 당신의 성격을 본받고 싶습니다."

"카네기, 위대한 사업을 성취하는 데 사용한 그 성공 철학을 배우고 싶습니다."

위대한 인물을 가상의 멘토 삼아 그들을 본받기 위해 했던 상상의 회의는 나폴레온 힐의 잠재의식에 깊숙이 자리 잡았다. 덕분에 그는 되고 싶은 자신의 모습으로 사고를 재설계할 수 있었다.[13]

# 나의 최고치를
# 꿈꿔라

우리의 모든 꿈은 이루어질 것이다.

그것을 믿고 나갈 용기만 있다면.

# 성장 마인드셋을
# 탑재하라

## 열등반 아이가
## 우등반에 올라갈 확률

영국에서 어린이집에 다니는 네 살 아이들을 우등반과 열등반으로 나눠서 수준별로 교육시켰다. 88퍼센트의 아이들이 교육 기간 내내 처음 배정받은 열등반이나 우등반에서 이동하지 못했다. 아이들에게 우열의 딱지를 붙이면, 열등반 아이들은 자신이 우월하지 못하다는 생각에 더 큰 성취로 나아가지 못했다.

또 다른 조사도 있다. 미국의 2100개 학교에 다니는 약 1만 2000명의 아이들을 대상으로 유치원 때부터 초등학교 3학년 때까지 추적 조사를 실시했다. 이 학교들은 아이의 능력을 평가

하여 우열반을 나눠서 교육하고 있었다. 연구를 시작했을 당시 가장 열등한 반에 있던 아이들 가운데 가장 우등한 반으로 올라간 학생은 단 한 명도 없었다.

한편, 미국 샌프란시스코 시당국은 고등학교 1학년 때까지 학교에서 수준별 수업을 하지 않기로 결정했다. 현재의 수준에 상관없이 모든 학생이 동등한 교육을 받게 됐다. 그러자 2년 만에 대수학 과목의 낙제 비율이 40퍼센트에서 8퍼센트로 줄었다. 고등학교 1학년 이후 우등반에 들어가는 학생 수도 3분의 1 늘어났다.[1]

아이들을 우열로 평가하는 경우 교사들도 우열을 기준으로 아이들을 대하게 된다. 독일의 연구자인 팔코 라인버그는 각기 다른 마인드셋을 가진 학교 교사들을 연구했다. 일부 교사들은 "제 경험에 따르면 아이들의 성취도는 보통 1년 내내 지속됩니다"라고 말했다. 그런 교사들에게 교육받은 아이들은 교사의 믿음 그대로 성적을 받았다. 학년 초에 성적이 좋았던 학생은 연말에도 성적이 좋았고, 학년 초에 성적이 낮았던 학생은 연말에도 성적이 낮았다. 반면, 현재 성적이 어떠하든 앞으로는 발전할 수 있다고 믿는 교사에게 교육받은 아이들은 전혀 다른 결과를 얻었다. 연말이 되자 성적이 낮았던 학생도 높았던 학생도 모두 성적이 올랐다. 성장 가능성에 대해 내가 나에게 갖는 믿음뿐만 아니라 타인이 나에게 갖는 믿음도 학업 성취도에 지대한 영향을 미치는 것이다.[2]

클로드 스틸과 조슈아 아론슨은 시험 전에 학생들에게 인종이나 성별을 표시하는 칸에 체크하게 했다. 흑인이나 여성이 취약하다고 인식되는 분야의 시험을 치를 때는 상대에게 흑인이나 여성이라는 점을 상기시키는 것만으로도 시험 성적이 낮아졌다. 잘못된 고정관념을 상기시키는 것만으로도 주눅이 들고 정신이 산만해져 능력을 제대로 발휘하지 못했다.[3]

앞선 조사에서 네 가지를 알 수 있다.


1. 우열을 나누면 사람들은 자신이 우월하거나 열등하다고 믿는다.

2. 자신이 우월하다고 믿거나 열등하다고 믿으면, 그 믿음대로 행동한다.

3. 우열을 나누면 사람들은 우열을 기준으로 타인을 바라본다.

4. 사람들은 타인의 믿음대로 행동한다.


우열에 대한 고정관념은 사회 깊숙이 뿌리내리고 있다.

'나는 여자라서 과학을 잘 못해.'

'나는 흑인이라 수학을 잘 못해.'

'나는 타고난 운동신경이 없어서 운동을 못해.'

'나는 예술가적 기질이 없어서 작가가 될 수 없어.'

이러한 편견은 사람들이 관심 있는 분야를 자유롭게 선택하고, 선택한 분야에서 재능을 발전시키는 것을 가로막는다. 예컨대 여자는 과학을 잘 못한다는 편견은 여자들이 과학자가 되는 것을 주저하게 만든다. 과학을 선택한 여자는 스스로 남자보다 부족하다고 생각한다. 과학을 가르치는 남자 교사는 여자에게 다른 진로를 알아보라고 권한다. 그 결과 한국에서 과학기술연구개발 인력 중에 여성의 비율은 20퍼센트(2018년 기준)밖에 되지 않는다.[4]


## 사람들은 타인의
## 믿음대로 행동한다

어떤 영역이건 초기에 빠른 성취를 보이는 사람이 있다. 좋은 선생님을 만나 체계적인 훈련을 받았을 수도 있고, 연습량이 다른 사람보다 더 많았을 수도 있고, 흥미가 커서 적극적으로 습득했을 수도 있다.

여러 이유로 또래보다 조금 빠른 성취를 보인 학생에게 "너는 재능이 있어"라고 말하면 어떤 일이 생길까? 긍정적인 효과와 부정적인 효과가 같이 생긴다. 재능이 있다는 자신감으로 더 적극적으로 더 잘 배워서 더 빠르게 성장할 수 있다. 반면, 도약해야 하는 시기에 포기하는 경우도 생긴다. 성장은 어려운 것을 학습하는 과정에서 일어나는데, 쉽게 풀리지 않는 어려운 문제를 만나면 '내 재능은 여기까지인가 봐'라고 생각하고 포기하는 것이다.

막막한 문제를 만나 이를 풀기 위해 쩔쩔매는 과정에서 뇌는 성장하는데, 재능이 있다는 착각 때문에 노력해볼 기회를 날려버린다. 그래서 고등학교 때까지 수학을 잘해서 자신이 수학에 재능이 있다고 생각한 학생은 대학에서 한 차원 어려워진 수학을 만나고는 '나는 재능이 없다'는 생각에 힘껏 노력해보지 않고 포기한다.

그렇다면 타고난 재능이 정말 있을까? 뇌 과학자들과 함께 인간 성장을 연구한 스탠퍼드 대학교 조 볼러 교수는 한 영역에서 탁월한 성과를 낼 만큼 뇌가 발달한 경우는 0.001퍼센트도 되지 않는다고 말한다. 사람의 뇌는 제각각 독특하게 생겼다. 뇌 구조는 적절한 훈련을 거치면 새로운 경로가 형성되며 모양이 변한다. 뇌의 차이 때문에 자폐가 있을 수도 있고 노력에 비해 좀 더 쉽게 성취를 이룰 수도 있다. 하지만 그런 차별성을 고려한다고 해도 수학 머리, 글쓰기 재능, 미술 감각, 음악 머리 같은 것을 갖고 태어나는 경우는 없다는 것이다. 누구나 성장하려면 반복 훈련을 통해 뇌 신경망을 발전시켜야 한다.[5]

만약 '나는 OO 분야에 재능이 없어'라는 생각을 한다면, 그것은 완전히 오해다. 재능이 없는 것이 아니라 충분한 훈련을 하지 않은 것이다. 재능은 타고나는 것이 아니라 훈련을 통해서 개발되고 성장하는 것이다. '나는 OO 분야에 재능이 없어'라는 생각을 한다면, 사회에서 주입한 잘못된 고정관념으로 위축돼 나도 모르는 사이에 자신의 가능성을 닫아버린 것은 아닌지 의심해보아야 한다. 지능검사를 마치고 무작위로 선택된 학생들에게 "당신은 IQ가 높다"라고 이야기하면 그 학생들은 성적이 오른다. 내가 더 잘할 수 있다고 믿으면, 믿음에 부합한 노력을 하기 때문에 더 잘하게 된다.

## 가능성의 폭발,
## 성장 마인드셋

마인드셋의 대가인 스탠퍼드 대학교 심리학과 캐럴 드웩 교수는 컬럼비아 대학교 수학 강의실에서 작은 실험을 했다. 연구진은 '수학은 기본적으로 여학생과 안 맞는 과목'이라는 메시지를 학생에게 전달했다. 이 피드백을 받은 여학생 중에는 성적이 떨어지는 학생과 그대로인 학생이 있었다. 그 차이는 마인드셋에서 나왔다.

성장 마인드셋을 가진 학생은 성적의 변화가 없었지만, 고정 마인드셋을 가진 학생은 성적이 떨어졌다. 성장 마인드셋은 지금 내가 어떤 수준이건 역량은 더 개발될 수 있다고 믿는 것이다. 이에 반해 고정 마인드셋은 재능은 고정되어 있어서 더 이상 발전하지 않는다고 믿는 것이다. 여자는 수학이 잘 안 맞는다는 편견이 있더라도 성장 마인드셋인 학생은 '나는 수학을 더 잘할 수 있다'고 믿는다. 반면, 고정 마인드셋인 학생은 '역시 나의 한계는 정해져 있어'라는 생각에 위축된다.

성장 마인드셋은 뇌 과학을 근거로 더 큰 힘을 받고 있다. 과거에는 성인이 되면 뇌에 있는 신경회로는 고정되어 더 이상 성장하지 않는다고 생각했었다. 하지만 발전된 뇌 과학 연구로 뇌

|  | 고정 마인드셋 | 성장 마인드셋 |
|---|---|---|
| 기본 전제 | 지능은 정해져 있다 | 지능은 성장할 수 있다 |
| 욕구 | 남들에게 똑똑해 보이고 싶다 | 더 많이 배우고 싶다 |
| 따라서 | | |
| 도전 앞에서 | 도전을 피한다 | 도전을 받아들인다 |
| 역경 앞에서 | 쉽게 포기한다 | 맞서 싸운다 |
| 노력을 | 하찮게 여긴다 | 완성을 위한 도구로 여긴다 |
| 비판에 대해 | 옳더라도 무시한다 | 비판으로부터 배운다 |
| 남의 성공에 대해 | 위협을 느낀다 | 교훈과 영감을 얻는다 |
| 따라서 | | |
| 결과 | 현재 수준에 정체되고 잠재력을 발휘하지 못한다 | 잠재력을 발휘해 최고의 성과를 낸다 |

표8  성장 마인드셋 vs. 고정 마인드셋[6]

의 신경회로도 평생 끊임없이 변한다는 것이 알려졌다. 우리가 보고, 듣고, 읽고, 냄새 맡고, 맛보고, 움직이는 모든 활동이 뇌를 재구성한다. 새로운 자극을 받으면 뇌에 새로운 신경 경로가 생기고, 신경 경로 간에 새로운 연결이 생기고, 이미 있던 경로는 더 강화된다. 이를 신경가소성이라고 한다.

신경가소성의 대표적인 사례는 런던 택시 기사들의 뇌다. 런던에서 택시 기사가 되려면 런던 중심가에 있는 체링크로스역에서 반경 6마일(약 2.5킬로미터) 안에 있는 2만 5000개의 도로와 2만 개의 랜드마크를 모두 외워야 한다. 런던 시내의 지리와 경로를 익히는 데만 3~4년이 걸린다. 이렇게 학습한 택시 기사들의 머릿속에는 런던의 지도가 저장된다. 택시 기사의 뇌를 연구한 결과 길을 기억에 저장하고 머릿속에 지도를 그리는 데 관여하는 해마의 부피가 커졌으며, 경험 많은 택시 기사일수록 해마의 회백질 밀도가 높았다. 한편, 택시 기사를 은퇴하고 나면 해당 영역의 해마는 해마다 줄어들었다.

아홉 살의 카메론 모트는 세 살 때부터 라스무센뇌염이라는 희귀병을 앓고 있었다. 대뇌의 반구에 만성 염증(뇌염)이 생겨 우뇌가 손상되었다. 의사들은 우뇌를 제거하면 왼쪽 몸이 마비될 것이라 예상하면서도 아이를 살리기 위해 우뇌를 제거하는 수술을 계획했다. 그런데 우뇌 제거 수술 후에 카메론은 완벽하게 회복하며 의사들을 놀라게 했다. 어린아이라서 신경 경로의 생성이 빨랐기 때문에 우뇌의 기능을 수행할 신경 경로를 좌뇌가 만들기 시작한 것이었다. 카메론은 수술 4주 만에 걸을 수 있었다. 학교에서 또래와 같은 습득 역량으로 정상적으로 공부도

했다. 카메론의 빠른 뇌신경 회복에 힘을 받아 어린아이를 대상으로 한 반구 제거 뇌 수술이 더 많이 진행됐다.[7]

스탠퍼드 대학교 조 볼러 교수는 평균적인 성적을 가진 중학생 83명과 18일 동안 여름 수학 캠프를 열었다. 캠프 첫날 인터뷰에서 대부분의 학생들이 자신은 수학 머리가 없다고 말했다. 캠프에서 수학을 배우고 17일 뒤에 기존 시험과 동일한 수준의 수학 시험을 다시 치렀더니 평균 점수가 50퍼센트 올랐다. 2~3년이 걸리는 성취를 단 17일 만에 거둔 것이었다.

이 놀라운 변화는 카메론 모트의 뇌 사진에서 비롯됐다. 교수진은 캠프에 참여한 중학생들에게 카메론의 뇌 사진을 보여주고는 뇌가 어떻게 회복되어 기능하고 있는지 이야기해줬다. 재능을 탓하던 학생들은 "뇌가 절반밖에 없는 아이도 하는데, 나라고 왜 못 해?"라고 말하기 시작했다.

수학을 두려워하는 사람들이 숫자를 보면 뇌에서는 공포를 느끼는 영역이 활성화된다. 공포 영역이 활성화되면 문제 해결을 담당하는 뇌 영역의 활동이 줄어든다. 수학 때문에 걱정하면 뇌 활동이 줄어드는 것이다. 수학에 겁을 먹고 자신이 부족하다는 착각에 빠져 있던 아이들이 재능은 고정된 것이 아니고, 뇌는 훈련하는 만큼 자란다는 것을 알게 되자, '폭풍 성장'을 해냈다.[8] 만약 내가 지금 실력 발휘를 제대로 하지 못한다면, 자신의 가능성에 대해 잘못된 믿음을 갖고 있기 때문일 수 있다. 당신이 해낼 수 있는 것은 당신이 생각하는 것보다 더 크다.

# 잠재의식을
# 컨트롤하라

## 이미지 트레이닝의
## 효과

하버드 MBA는 농구 실력이 비슷한 학생들을 세 그룹으로 나누어 실험했다. 첫 번째 그룹은 한 달 동안 자유투 연습을 하지 않았다. 두 번째 그룹은 한 달 동안 매일 오후에 한 시간씩 자유투 연습을 했다. 세 번째 그룹은 매일 머릿속으로 한 시간씩 자유투 연습을 했다. 한 달이 지나고 자유투 테스트를 했다. 첫 번째 그룹의 성공률은 39퍼센트에서 37퍼센트로 떨어졌다. 두 번째 그룹은 39퍼센트에서 41퍼센트로 2퍼센트 높아졌다. 세 번째 그룹은 39퍼센트에서 42.5퍼센트로 3.5퍼센트 올랐다. 상상으로 한 연습이 실제로 한 연습보다 더

큰 성취를 가져온 것이다.[9]

한 연구진은 이미지 트레이닝이 실제 신체 훈련에 미치는 효과를 조사했다. 근력 강화를 위해 손가락 하나로 물체를 강하게 미는 상상을 하는 심리 훈련과 실제로 물체를 손가락으로 강하게 미는 신체 훈련을 12주 동안 매주 15분씩 다섯 번 진행했다. 그 결과 심리 훈련을 받은 집단은 근력이 35퍼센트 증가했고, 신체 훈련을 받은 집단은 근력이 53퍼센트 증가했다. 근육을 발달시키는 행위를 집중해서 상상하면 뇌의 신호를 통해 근육이 실제로 강화된다.

또 다른 연구진은 호텔 청소원을 대상으로 실험을 했다. 그들을 두 집단으로 나눈 다음, 한 집단에게만 청소가 건강한 삶을 위해 미연방의무감U. S. Surgeon General이 추천하는 일이라는 정보를 주었다. 똑같은 일을 했지만 4주 후, 자신의 일이 건강에 좋다고 믿은 집단에서만 체중, 혈압, 체지방, 허리-엉덩이 비율, 체질량 지수가 모두 감소했다. 내 일이 건강에 좋다는 믿음이 실제 건강에 영향을 미친 것이다.

피아니스트를 대상으로 한 연구도 있다. 전문 피아니스트에게 특정 곡을 익혀서 연주하라는 과제를 주었다. 두 그룹으로 나눠서 한 그룹은 상상으로만 연주 연습을 했고, 다른 한 그룹은 실제 건반으로 연습을 했다. 그 결과 심리 훈련을 한 집단과 실제로 연습을 한 집단 모두 완벽하게 연주했다. 움직임의 속도, 타이밍, 패턴 등에서 두 집단 간에 차이가 없었다.[10]

마이클 펠프스는 한 번의 올림픽 대회에서 금메달 여덟 개를 딴 최초의 선수다. 그중 일곱 개는 세계 신기록이고, 한 개는 올림픽 신기록이다. 펠프스를 위대하게 만든 핵심 비결 중 하나는 이미지 트레이닝이다. 펠프스는 매일 밤 잠들기 전과 매일 아침 일어나자마자 자신이 가장 완벽하게 수영하는 장면을 생각했다. 다음과 같이 말이다. '가볍게 준비 운동을 하고 수영장에 뛰어든다. 팔과 다리를 힘차게 움직인다. 팔다리의 동작이 물살을 만든다. 수영장 끝 벽에 손을 대고 턴해서 되돌아온다. 입이 수면을 스칠 때 입술에서 물방울이 뚝뚝 떨어진다.' 경기를 끝내고 수영 모자를 벗을 때의 기분도 상상했다. 침대에 누워서 눈을 감고 경기 장면을 처음부터 끝까지, 사소한 것도 빠뜨리지 않고 머릿속으로 생각하고 또 생각했다. 마음속으로 초 단위까지 정확히 측정했다.

올림픽 경기 당일 수영을 시작하기도 전에 그는 이미 이긴 상태였다. 경기장에 들어서서부터 수영장에 뛰어들고 수영을 하고 물에서 나와 승리의 환호성을 지를 때까지, 모든 것이 계획대로 진행되었다. 세계 신기록을 수립하며 따낸 금메달은 승리로 가득 찬 그의 상상이 실제화된 것일 뿐이었다.[11]


## 매일 해야 할
## 바로 그것

생각의 힘은 이처럼 강력하다. 근대 심리학의 창시자인 윌리엄 제임스 하버드대학교 교수는 생각의 힘에 관한 많은 통찰을 남겼다.

- 아무리 사소한 생각도 예외 없이 두뇌의 구조를 변화시켜 흔적을 남긴다.
- 신뢰는 실제 사실을 만들어낸다.
- 상상하는 모든 것은 당신의 것이 될 수 있다.
- 우리 세대의 가장 큰 발견은 인간이 태도를 바꿔 자신의 삶을 바꿀 수 있다는 것이다.
- 인생이 실패하는 이유는 단 하나, 자기 자신에 대한 진정한 믿음이 부족하기 때문이다.
- 생각을 바꾸면 행동이 바뀌고, 행동을 바꾸면 습관이 바뀌고, 습

관을 바꾸면 성격이 바뀌고, 성격을 바꾸면 인격이 바뀌고, 인격을 바꾸면 운명이 바뀐다.
- 우리가 가진 잠재성에 비춰볼 때 우리는 단지 절반 정도만 깨어 있다. 우리는 우리가 가진 육체적, 정신적 자원의 일부만을 사용하고 있을 뿐이다. 인간은 그럼으로써 자신의 한계에 한참 못 미치는 삶을 영위한다. 인간은 습관상 활용하지 못하는 다양한 종류의 능력을 소유하고 있다.

잠재의식은 의식을 조종하고, 의식은 행동을 조종한다. 때문에 성공하려면 잠재의식을 먼저 컨트롤해야 한다. 반복되는 생각은 시냅스를 변형시키고, 시냅스는 생각과 행동에 영향을 미치는 순환이 일어난다. 즉 진실이든 거짓이든, 부정적이든 긍정적이든 같은 생각을 반복하면 그것은 나의 잠재의식으로 형성된다.

잠재의식은 나의 의식과 행동을 지배한다. 내 생각이 부정적이고 파괴적이면 실패한 삶을 살게 되고, 긍정적이고 승리에 가득 차 있으면 승리하는 삶을 살게 된다. 내가 재능 없고 가난한 것은 어쩔 수 없는 일이라고 단념하면 그 상태가 지속된다. 내 재능은 개발 가능하고, 비록 지금은 가난해도 5년 후에는 부자로 사는 것이 당연한 일이며 이미 일어난 미래라고 믿어버리면 그런 삶이 펼쳐진다. 내가 나에게 들려주는 스토리가 미래를 결정한다. 물질로 구성된 현실 세계에서의 경험은 한계가 있지만, 정신 세계에서의 경험은 한계가 없다. 비용도 들지 않는다. 그러니 최상의 미래를 상상하라.

잠재의식을 컨트롤하는 가장 좋은 방법은 마이클 펠프스의 방법을 따라 하는 것이다. 매일 아침 눈을 뜨자마자, 그리고 매일 밤 잠자리에 들기 전에 내가 꿈꾸는 미래를 생생하게 머릿속으로 재생해보는 것이다. 아주 구체적이고 생생하게 미래를 현재로 가져오는 것이다. 내 인생의 소망을 종이에 쓰고 큰 소리로 읽는 것도 좋은 방법이다. 내 소망이 이미 이루어졌다고 생각하고 그렇게 믿어버려야 한다. 소망이 실제 이루어질지는 소망이 이미 이루어졌다고 얼마나 강력하게 믿느냐에 달려 있다. 그러면 그 소망은 잠재의식이 되고, 잠재의식은 의식을 조종하고, 의식은 행동을 일으켜 소망이 실제로 이루어진다. 믿음을 가지고 소망을 매일 반복 재생하는 것이 잠재의식을 컨트롤하는 핵심이다.

잠재의식이 컨트롤되지 않는 뇌는 어지럽다. 서로 다른 메시지가 섞여 있어 어디로도 나아가지 못한다. 부자가 되고 싶지만 잠재의식은 돈 버는 것을 두려워한다. 부자가 되면 가족, 친구들과의 관계가 불편해지는 것은 아닐지 두렵다. 돈을 끌어당기는 것이 아니라 돈을 밀어내는 생각으로 가득 차 있다. 그러면서 돈이 없다고 불평불만을 한다. 내가 먹는 음식이 내 몸을 구성하듯이, 내가 만드는 잠재의식이 내 미래를 결정한다.

나폴레온 힐은 자기 암시의 힘을 알려주는 시를 추천한다.

당신이 진다고 생각하면 당신은 질 것이다.

당신이 안 된다고 생각하면 당신은 안 될 것이다.

당신이 이기고 싶다는 마음 한구석에 이건 무리라고 생각하면,

당신은 절대로 이기지 못할 것이다.

당신이 실패한다고 생각하면 당신은 실패할 것이다.

돌이켜 세상을 보면

마지막까지 성공을 소원한 사람만이 성공하지 않았던가.

모든 것은 사람의 마음이 결정하느니.

당신이 이긴다고 생각하면 당신은 승리할 것이다.

당신이 무엇인가를 진정으로 원한다면 그대로 될 것이다.

자아, 다시 한 번 출발해보라.

강한 자만이 승리한다고 정해져 있지는 않다.

빠른 자만이 이긴다고 정해져 있지도 않다.

나는 할 수 있다고 생각하는 자가

결국 승리하는 것이다.

# 작은 질문에서
# 시작하라

**한계에 도전하는
사람들**

야나두가 처음 영어 회화 시장에 진입했을 때 시장은 완벽한 독점 시장이었다. 인터넷 검색을 해보면 영어 회화라는 단어보다 A사 브랜드 명이 4배 더 많이 나오던 시절이었다. 그런 시장 상황 속에서 우리가 새로운 1위가 되자고 했으니, 다들 나를 현실 감각이 없는 사람이라고 여겼다. 당연한 일이었다.

새로운 1위가 되기 위해서 우리가 올라야 하는 첫 번째 고지는 1일 매출 1억 원을 넘기는 것이었다. 이 말을 했을 때 사람들의 눈빛에 불신이 가득했다. 그 누구도 나를 믿지 않는다는 것이 느껴졌다. 그 당시 우리 회사의 1일 최고 매출이 320만 원이었으니 말이다.

그러나 사람들이 믿지 못했던 두 가지 일이 전부 이루어졌다. 1일 최고 매출은 내가 언급했던 1억 원보다 14배나 많은 14억 원까지 올려보았다. 절대 불가능하다고 생각한 것을 완벽하게 돌파한 셈이다.

사람의 한계는 어떻게 결정지어질까? 그 답을 보여주는 실험이 있다.

몇 마리의 벼룩을 병 안에 넣어둔다. 뚜껑을 닫지 않은 병에서 벼룩은 쉽게 병 밖으로 튀어 오른다. 하지만 뚜껑을 닫으면 상황이 바뀐다. 너무 높게 뛰어오르면 뚜껑에 부딪히게 되는데, 그것이 벼룩에게는 그리 유쾌하지 않은 경험이다. 그 결과 벼룩은 너무 높게 뛰지 않으려고 주의한다.

그렇게 3일을 두면 벼룩은 뚜껑을 열어도 병 밖으로 튀어나오지 않는다. 벼룩의 생존법칙이 바뀐 것이다. 그렇게 오랜 시간이 흐르면 벼룩 사회에는 암묵적인 규칙이 정해지고 벼룩들은 사회의 규칙에 따라 높이 뛰지 않는다. 다음 세대 벼룩 역시 사회의 규칙에 따라 높이 뛰어오르지 않는다. 하지만 그 벼룩 중 한 마리를 조금 더 큰 병에 넣고 자신보다 훨씬 높이 뛰어오르는 벼룩과 어울리게 하면, 새로운 규칙에 따라 더 높이 뛰어 오른다. 환경이 변하면 유전자 구성도 변한다.

1990년대 후반까지 오토바이를 타고 백플립(뒤로 공중제비)하는 것은 불가능한 일로 여겨졌다. 비디오게임에서나 가능한 일이지 현실에서는 불가능한 것이었다.

그런데 1998년에 오토바이를 타고 비탈을 달려 내려와 뒤로 공중돌기를 한 뒤 물속으로 뛰어드는 영상이 퍼지면서 사람들은 백플립에 도전하기 시작했다. 2002년에 케일럽 와이엇이 최초로 오토바이 백플립으로 땅에 착지했다. 2006년에 드래비스 패스트라나가 최초로 백플립 2회전에 성공했다. 2015년에 조시 시핸이 백플립 3회전에 성공했다.

지금은 열 살짜리가 오토바이를 타고 백플립을 성공시킨다. 과거에는 불가능했던 것이 현재 가능한 이유는 단지 가능하다는 사회적 믿음이 생겼기 때문이다. 할 수 없다는 생각, 내가 속한 환경의 관념이 한계를 만든다. 하지만 사람의 가능성과 역량은 그 한계 너머에 있다.[12]

여기, 재미난 실험이 하나 있다. 누군가가 1초에 하나씩 무작위로 숫자를 불러준다. 당신은 과연 몇 개까지 순서대로 기억할 수 있을까? 10개? 50개? 100개? 평범한 사람은 최대 몇 개까지

| 종목 | 경기 방식 | 신기록 |
|---|---|---|
| Hour numbers | 한 시간 동안 본 숫자를 두 시간 동안 쓴다. | 4620개 숫자 |
| 5-minute numbers | 5분 동안 본 숫자를 15분 동안 쓴다. | 616개 숫자 |
| Spoken numbers | 1초마다 숫자 한 개씩을 듣고 20분 동안 쓴다. | 547개 숫자 |
| 30-minute binary digits | 30분 동안 본 이진수 숫자를 한 시간 동안 쓴다. | 7485개 숫자 |
| Hour cards | 한 시간 동안 카드 순서를 확인하고 두 시간 동안 순서대로 정리한다. | 2530개 카드 |
| 15-minute random words | 15분 동안 단어를 보고 30분 동안 쓴다. | 335개 단어 |
| 5-minute historic dates | 허구의 사건이 발생한 연도를 5분 동안 보고 15분 동안 쓴다. | 154개 연도 |

표9  세계 기억력 대회 신기록

기억할 수 있을까?

1991년에 시작된 세계 기억력 대회World Memory Championships 는 매년 개최되는 기억력 스포츠 경기다. 2017년부터는 세계기억력스포츠협회World Memory Sports Council, WMSC와 국제기억력협회International Association of Memory, IAM로 나뉘어 운영된다. 기억력 대회는 10종목에서 정해진 시간 동안 주어진 숫자, 단어, 이미지 등을 가장 많이 기억하는 사람이 이기는 경기다. 기억력 세계 챔피언들의 기록은 인간의 기억이 현재 어디까지 가능한지

를 단적으로 보여준다.[13]

그러면 타고난 사람만 기억을 잘하는 것일까? 미국 기억력 대회에 출전해 1위를 네 번 차지한 넬슨 델리스Nelson Dellis는 원래는 기억을 잘하지 못했고 기억력에 관심도 없었다. 성인이 된 뒤 기억력 대회에 출전하기 위해 기억력을 향상시키는 방법을 배웠다.

"기억력 자체엔 크게 관심이 없었어요. 저희 할머니가 치매 때문에 안 좋아지기 전까지는요. 기억이 쇠하실 때쯤엔 제가 마지막으로 봤을 때와 차이가 어마어마하더라고요. 너무 충격적이었어요. 할머니가 돌아가셨을 때 기억력에 영향을 주는 병 때문에 사람이 죽는다는 게 믿기지 않았어요. 몸이 말을 안 듣더군요. 그때 결심했어요. 기억력의 세계가 어떤 곳인지 알아봐야겠다고요.

그리고 열심히 공부하고 연습해서 저렇게 죽지 말아야겠다고요. 조사를 하면서 가장 먼저 알게 된 게 기억력 대회였어요. 미국 기억력 대회에 나가는 걸 목표로 잡는 게 좋겠더라고요. 특정 단련법을 통한 기록이 있었고, 보니까 할 만할 것 같았어요. 내 기억력을 향상시켜서 이 대회에서 우승하고 기록을 갈아치우겠다고 결심했죠."[14]

기억을 잘하는 방법을 훈련하고 기억력 대회에 참가한 넬슨 델리스는 15분 동안 사진으로 본 얼굴과 이름을 235명 매칭했다. 15분 동안 무작위로 주어진 단어를 255개 기억했다. 5분 동안 본 무작위 숫자를 339개 기억했다.

'나는 원래 기억력이 나빠'라고 생각하는 사람이 많지만, 기억력은 재능의 영역이 아니라 훈련의 영역이다. 적합한 훈련을 하면 누구나 기억력을 향상시킬 수 있다. 기억력 세계 신기록은 매년 경신된다. 기억력의 한계에 함께 도전하며 경쟁하는 사람들이 있기 때문이다. '내가 이 기록을 깨야겠다'고 결심하는 사람들은 더 큰 잠재력을 발휘한다. 그렇게 해서 자신이 가능한지도 몰랐던 수준에 이르게 된다.

## 목표가 바뀌면,
## 행동이 달라지고, 미래가 바뀐다

사업 코치인 게리 켈러는 최고의 성과를 올리는 사람들을 코치할 때 이런 질문을 던진다.

"단순히 최선을 다하고 있는 겁니까, 아니면 이룰 수 있는 최고의 결과를 얻기 위해 최선을 다하는 겁니까?"

그러면 아무리 최고의 성과를 올리는 사람도 당황한다. 최고의 수준까지는 노력하고 있지 않기 때문이다. 꿈의 크기를 키우고 나의 최고치를 상상하기 시작하면, 노력의 수준도 한 차원 더 높아진다. 내가 가능하리라 생각했던 한계를 뛰어넘는 잠재력을 발현하기 시작한다. 큰 꿈을 꾸고 큰 성과를 기대하면, 기존과는 다른 전략을 세우게 된다. 차원이 다른 방법이 떠오르고 더 과감하게 시도한다.

누구에게나 하루 24시간이 주어진다. 인생은 그 시간을 어떻게 채워가느냐로 구성된다. 꿈이 큰 사람은 하루 24시간 동안 큰 꿈에 맞는 행동을 한다. 꿈이 작은 사람은 하루 24시간 동안 작은 꿈에 맞는 행동을 한다. 꿈을 바꿨을 뿐인데 행동이 바뀌고 미래가 바뀐다. 큰 목표를 달성하기 위해 행동할 때 큰 성장이 일어난다.

하버드 대학교 교수인 애보트는 '미래의 투자' 수업에서 다음과 같은 이야기를 학생들에게 들려주었다.

오래전 미국 캘리포니아주의 한 농촌 마을에 두 젊은이가 살았다. 그들은 매일 물을 길어 도시에 파는 일을 했다. 물 한 통에 2달러씩을 받았고, 하루에 많으면 스무 통까지 팔았다. 두 젊은이는 미래에 대해 이야기했다.

한 명이 말했다.

"우리는 젊으니까 하루에 물 스무 통을 길어 팔 수 있지만 늙어서도 그럴 수 있을까?"

한참을 생각하던 다른 젊은이가 말했다.

"도시까지 수로를 만들면 어떨까? 그럼 나중에는 힘들게 일하지 않아도 되잖아."

또 다른 젊은이가 한참 생각하다 말했다.

"수로를 만드는 데 시간을 쏟으면 하루에 20달러도 벌지 못할 거야."

서로 생각이 달랐던 두 사람은 각자 방식대로 자신의 미래를 설계했다. 한 젊은이는 매일 열다섯 통의 물을 팔면서 남는 시간에 수도를 만들었고, 다른 젊은이는 여전히 물 스무 통을 길어 팔았다.

5년 후, 두 젊은이의 상황은 하늘과 땅 차이가 났다. 수도를 만든 젊은이는 수도 회사 사장이 됐지만, 다른 젊은이는 계속해서 물을 길어 팔았다. 게다가 이제는 사람들이 돈을 들여 수도관을 설치하고 싶어했기 때문에 다른 사람이 길어준 물을 사려는 수요도 줄었다.[15]

아무리 큰 꿈도 이루고 나면 작은 꿈처럼 여겨지고, 더 큰 꿈을 꾸게 된다. 라이트 형제는 비행기를 꿈꿨으나, 후세대는 달 탐험을 꿈꾸고, 그 후세대는 민간 우주 여행선을 계획하는 것처럼 말이다.

이탈리아 물리학자인 마르코니는 1897년에 세계 최초의 무선 전신 회사를 설립했다. 당대 사람들은 그가 미쳤다고 생각해서 이탈리아 체신청 장관이 그를 정신병원에 보내야 한다고 말했다. 하지만 21세기를 사는 사람들에게 무선 통신은 생필품이다.

내 음식점 하나를 여는 것이 굉장히 큰 꿈일 수 있지만, 매장을 열고 나면 프랜차이즈를 목표로 하게 되고, 프랜차이즈를 열고 나면 여러 개의 브랜드를 갖는 것으로 꿈이 커진다. 꿈을 이뤄가는 과정에서 경험, 실력, 관계 등도 같이 성장하기 때문에 더 큰 꿈도 달성 가능해진다.

UCLA와 워싱턴 의과대학에서 교수로 재직하며 성공에 대해 연구한 로버트 마우어 교수는 최고치의 인생을 상상하기 어렵다면, 작은 질문부터 해보라고 조언한다.

그가 상담했던 그레이스는 부모와의 관계로 내적 갈등이 많았고, 연애에도 어려움을 겪고 있었다. 마우어 교수가 '이상형의 남자와 함께 보낸 완벽한 하루'를 묘사하라고 했을 때 그녀는 아무 말도 하지 못했다.

마우어 교수는 질문을 더 작게 바꿨다. 그녀에게 "내가 바라는 이상적인 남성은 어떤 모습일까?"라고 질문하고 매일 2분 동안 생각해보라고 권했다. 처음에 그녀는 이 질문에 답하기 어려워했지만 시간이 지나고 상상력이 자리를 잡자 대담하고 솔직한 답변을 내놓기 시작했다.

작은 질문은 계속됐다. "지금 당장 이상형의 남자로부터 받고 싶은 작지만 배려가 담긴 행동은 어떤 것인가?" 부모의 부부 관계가 좋지 않았기 때문에 그레이스는 이 질문 역시 답하기 어려워했다. 하지만 질문을 반복하자 그녀의 뇌는 답을 찾기 위해 바쁘게 일했고, 그녀는 자신이 진정으로 원하는 것이 무엇인지를 정리할 수 있었다. 같은 질문이 반복됨에 따라 답변은 더 세밀해졌다.

원하는 이상형의 밑그림이 그려지자 마우어 교수는 "백마 탄 왕자님이 한 달 안에 나를 찾아오리라 100퍼센트 확신한다면, 오늘 당장 나는 무엇을 바꿔야 하는가?"라고 질문했다. 그레이스는 옷과 음식에 신경을 쓰기 시작했다.

마우어 교수는 다시 "이상형을 만난다면 어디에서 만나고 싶은가?"라고 질문했다. 그레이스는 체육관(건강에 관심 있는 남자),

비즈니스 모임(자신과 야망을 공유하는 남자), 교회(영적인 것에 관심 있는 남자)면 좋겠다고 했다. 상담을 시작한 지 6개월 만에 그레이스는 교회에서 이상형의 남자를 만나 행복한 가정을 꾸렸다.[16]

# 쉬는 것도
# 계획하라

휴식은 게으름도, 멈춤도 아니다.

휴식을 모르는 사람은 브레이크 없는 자동차 같아서

위험하기 짝이 없다.

# 충전 없이 굴러가는
# 배터리는 없다

### 번아웃
### 증후군

번아웃 증후군Burnout Syndrome은 하얗게 자신을 불태우며 일하는 사람들이 피로 누적으로 에너지가 꺼지면서 느끼는 피로감, 무력감, 우울감 등을 말한다. 성공 지향, 노력 지향의 민족성으로 매일 기적의 성공 스토리를 배출하는 한국 사회에서 번아웃 증후군은 일상적이다.

2018년에 기업 리뷰 서비스 회사 잡플래닛이 직장인 6956명을 대상으로 번아웃을 경험해본 적이 있느냐고 물었다. 69퍼센트가 있다고 답했다. 2019년에 취업 포털 잡코리아가 직장인 492명을 대상으로 번아웃을 경험해본 적이 있느냐고 물었다.

95퍼센트가 있다고 답했다. 2020년에 직장인 커뮤니티 블라인드가 직장인 1만 91명을 대상으로 번아웃을 경험해본 적이 있느냐고 물었다. 89퍼센트가 있다고 답했다.

2019년 5월 세계보건기구WHO는 제11차 국제질병표준분류 기준에 번아웃 증후군을 '제대로 관리되지 않은 만성적 직장 스트레스'로 정의했다. WHO는 번아웃의 특징으로 에너지 고갈 및 소진, 일에 대한 심리적 거리감, 업무에 관한 부정적이고 냉소적인 감정 증가, 직무 효율 저하 등을 제시했다.

사람이 하루에 사용할 수 있는 에너지는 한정적이다. 인간도 기계처럼 24시간 작동하면 좋겠지만 생명 활동에는 휴식이 필수적이다. 하물며 기계도 자주 멈춰 세워서 점검하고 기름칠을 해줘야 잔고장 없이 더 오래 쓸 수 있다. 에너지를 과잉 사용하면 피로감을 느끼는데, 이는 충분한 식사, 수면, 휴식, 취미 활동 등을 통해 해소할 수 있다.

하지만 해소되는 피로보다 쌓이는 피로가 더 많은 상태가 지속되면 신체와 정신에 이상 현상이 나타난다. 이것이 과로 상태다. 과도한 욕심으로 현재의 에너지를 과잉 사용하는 것은 단지 현재 조금 더 피로한 정도에서 그치는 것이 아니라 미래의 생명력을 당겨 쓰는 것이다. 평생 동안 황금알을 낳는 거위가 될 자신을 조급한 마음에 배를 갈라버리는 격이다.

컨디션이 좋으면 굳은 의지로 인생의 목표를 향해 오늘 해야 할 일을 잘해낼 수 있다. 하지만 몸의 감기 혹은 마음의 감기에 걸리면 일에 제대로 집중하지 못하고 업무 성과도 낮아진다. 좋은 컨디션이 장기간 유지되면 목표로 하는 삶을 향해 걸어갈 수 있지만, 나쁜 컨디션이 장기간 유지되면 현 상태를 유지하지 못하고 퇴보하게 된다. 컨디션을 관리하는 것이 목표 달성을 위한 선결 조건인 것이다.

더 많이 일하기 위해 잠을 줄이면 어떻게 될까? 조기 사망 위험 증가, 기억 인지력 손상, 뇌졸중 위험 증가, 알츠하이머병 위험 증가, 피부 노화 촉진, 심장 질환 위험 증가, 암 위험 증가, 뼈 기능 손상, 면역 시스템 기능 저하, 당뇨병 위험 증가 등에 노출된다.

1980년대 미국 시카고 대학교에서 쥐들에게 잠을 못 자게 하는 실험을 했다. 2주 후 실험 쥐는 모두 죽었다. 생명은 에너지를 소모하면 피로가 쌓이는데, 잠으로 피로를 해소하지 못하고 누적되어 피로의 임계점을 넘으면 죽게 된다.

잠자는 동안 신체는 생명 유지에 필수적인 기관을 제외하고는 일을 쉰다. 특히 몸무게의 2퍼센트밖에 되지 않지만 에너지는 20퍼센트를 소모하는 뇌는 잠자는 동안 쌓인 노폐물을 청소한다. 잠들면 뇌의 뉴런은 순차적으로 활동을 정지한다. 활동을 멈춘 뉴런은 산소가 많이 필요하지 않기 때문에 혈액 공급이 일시적으로 차단된다. 혈액이 지나가던 자리에 뇌척수액이 흐르며 물청소를 시작한다. 아데노신 등 노폐물을 씻어내 간으로 보내 정화 작용을 한다. 청소되는 노폐물 중 하나인 베타 아밀로이드는 알츠하이머병의 원인 물질 중 하나다.[1]

체력이 감당할 수 있는 것보다 과도하게 운동하는 것을 오버트레이닝Over Training이라고 한다. 운동으로 몸을 손상시키면, 손상된 몸이 다시 이전보다 조금 더 강하게 회복하는 과정에서 근육이 생긴다. 웨이트 운동으로 근육에 타격을 주면 근세포에 상처가 생긴다. 이 근세포가 회복되는 과정에서 근육 단백질이 합성되어 근육이 더 굵고 더 강해진다.

근세포의 성장은 균형 잡힌 영양이 공급되면서 충분한 휴식을 취할 때 이루어진다. 그런데 운동 강도가 자신의 피로 한계치를 뛰어넘고, 영양 공급과 휴식이 부족해지고, 수면이 불충분하면, 근육 단백질이 분해되어 근육은 오히려 줄어든다. 운동을 하면 할수록 체력이 좋아지고 근육이 자라야 하는데, 이전과 똑같은 훈련을 해도 이전보다 더 힘들거나 운동의 강도를 더 이상

높일 수 없다면 오버 트레이닝이다. 이럴 때는 운동을 잠시 멈추고 잘 먹고 잘 자야 한다. 몸의 회복력을 뛰어넘는 과도한 운동은 효과도 없이 몸만 축내서 시간 낭비, 에너지 낭비, 건강 악화만 불러온다. 근육 손상, 인대 손상, 피로 골절, 관절 손상, 장기 부상 등도 야기한다.


## 휴식은
## 재판 결과도 바꾼다

성공에는 많은 에너지가 필요하다. 그 때문에 성공하고 싶다면 나의 에너지 생산성을 높여나가야 한다. 내가 가진 에너지를 죽기 전까지 최대한 효과적, 효율적으로 활용하는 방법을 체득해야 한다. 사람은 나이, 체력, 의지력 등에 따라 하루 동안 사용할 수 있는 에너지 양이 다르다. 균형 잡힌 식단과 규칙적인 운동으로 체력을 기르고 수면의 질이 높아지면, 하루에 사용할 수 있는 절대 에너지 양이 늘어난다.

내가 가진 에너지 한계치를 어떻게 배분하여 쓰느냐에 따라 더 많은 일을 더 잘해낼 수 있다. 하루, 한 달, 1년, 5년, 10년이라는 기간 동안 한정된 에너지를 어떻게 배분하여 쓸 것인지를 계획해야 한다. 이런 계획 없이 의욕이 앞서 닥치는 대로 일에 몰입하면 번아웃이 온다. 덜 중요한 일에 에너지를 쏟고, 정작 중요한 일을 하려니 에너지가 부족해 대충하고 만다. 성공을 향해 뛰는 장거리 마라톤에서 속도 조절에 실패하면 중도 낙오하는 일이 생긴다. 성공한 후에 질병에 걸려 남은 인생을 고통스럽게 지낼 수도 있다. 좋은 컨디션에서 건강한 기분으로 좋은 성과를 꾸준히 내는 것이 행복과 성공을 모두 거머쥐는 방법이다.

컨디션에 따라 결과가 달라진다는 것을 보여준 흥미로운 사례가 있다. 미국 스탠퍼드 경영대학교의 조너선 레바브 교수와 이스라엘 벤 구리온 대학의 리오라 아브나임 페소, 샤이 댄지거 교수는 휴식이 판결에 미치는 영향을 연구했다. 이스라엘 교도소에서 10개월 동안 여덟 명의 판사들이 맡은 1112건의 가석방 심사를 분석했던 것이다. 이는 같은 기간 이스라엘 전체 가석방 심사의 40퍼센트를 차지했다.

한국에서도 과중한 업무 탓에 과로로 병사하거나 질병으로 퇴직하는 판사들이 있을 만큼 판사는 과중한 업무에 시달리는 직업이다. 이스라엘에서도 판사의 일과는 빡빡했다. 가석방 심사의 경우 한 명의 판사가 관계자들의 주장을 듣고 약 6분 내에 결정을 내리는 방식으로 하루에 14~35건을 심사했다. 의사 결정은 에너지를 크게 소모하는 주요 활동 중 하나이고, 판사의 결정은 한 사람의 자유와 공동체 규범에 영향을 미칠 만큼 중대하다. 판사는 이런 중요한 결정을 연이어 해야 했던 것이다.

쉬면서 재충전할 시간은 오전의 간식 시간과 늦은 점심시간 두 번뿐이었다. 오전에 평균 7.8건의 판결을 내린 뒤에 30분 동안 쉬면서 오전 간식으로 샌드위치와 과일을 먹었다. 그리고 약 11.4건의 판결을 내리면 점심시간이 시작됐다. 판사들은 한 시간 동안 점심을 먹고 돌아왔다.

그런데 휴식 전후에 판사의 의사 결정은 달라졌다. 어려운 의사 결정으로 녹초가 되는 휴식 시간 직전에는 가석방 승인율이 0에 가깝게 떨어지는 반면, 휴식 직후에는 가석방 승인율이 65퍼센트로 높아졌다. 판사들은 기본적으로 가석방을 불허한다는 기조다. 피곤하면 뇌는 사고하기를 주저하고 결정의 기본 값인 불허를 결정한다. 하지만 맛있는 음식을 먹으며 충분히 쉰 다음 좋은 기분으로 의지를 가지고 죄수들을 검토하면 가석방 승인율이 높아지는 것이다.[2]

한 연구진은 실험 참여자들에게 의지력이 필요한 일 두 가지를 연달아 하게 했다. 두 그룹으로 나누어 한 그룹에게는 진짜

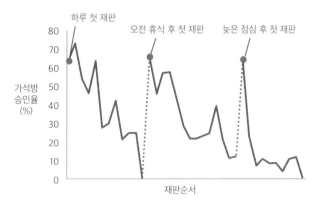

표10    재판 순서와 가석방 승인율

설탕을 넣은 달달한 레모네이드 한 잔을 주었다. 다른 한 그룹
에게는 인공 감미료인 스플렌다를 넣은 레모네이드를 한 잔 줬
다. 가짜 당을 마신 그룹이 설탕 음료를 마신 그룹보다 실수를
저지르는 비중이 2배 더 높았다.[3]

  성공에 지대한 영향을 미치는 요인 중 하나는 의지력이다.
어려운 상황이 닥쳐도 의지력만 있으면 웬만큼은 이겨낼 수 있
다. 그런데 이 의지력은 핸드폰 배터리와 같다. 100퍼센트라는
한계치가 있어 무한정 쓸 수 없고, 쓴 만큼 다시 충전해야 한다.
전원을 켜고 가만히 두기만 해도 소모되고, 에너지 소모가 많은
활동을 하면 더 많이 소모된다. 전원이 켜진 스마트폰을 30분

동안 그대로 두면 배터리의 1퍼센트가 소모된다. 동영상을 재생하면 4퍼센트, 모바일 메신저를 쓰면 11퍼센트, 게임을 하면 17퍼센트가 소모된다.[4] 의지력도 10분을 걸을 때보다 10분을 뛸 때 더 많이 소모된다. 스마트폰으로 웹 서핑을 쉬지 않고 하면 배터리는 완전히 닳아 전원이 꺼진다. 충전을 해줘야만 다시 전원이 들어온다. 열심히 일해서 의지력이 고갈되면 음식, 휴식, 수면, 취미 등을 통해 충전해야 다시 꺼내 쓸 수 있다. 의지력이 고갈된 상태에서는 아무것도 할 수 없다.

신문 사업이 망하고 다시 회사를 궤도에 올리는 데 꼬박 4년의 시간을 보낸 후의 일이다. 4년 동안 긴장 속에서 살았으니 얼마나 딱딱해져 있었겠는가. 10년 만에 만난 친구랑 술을 먹는데 친구가 말했다.

"마, 너 왜 일케 재미없어졌노. 니 원래 재밌던 놈인데."

충격이었다. 집에 돌아와 가만히 생각해보니 정말 나 자신이 재미없어진 것이 느껴졌다. 온통 일과 회사의 미래만 생각하는 듯했다. 말 그대로 낭만이라는 것이 사라진 것이다. 마음이 딱딱해지니 여유가 없고, 여유가 없으니 낭만이 없어졌다.

삶은 알고 보면 행복해지기 위해 사는 것인데, 그 행복이라는 것을 위해 일을 하다 보니 행복이라는 감정을 잃어버린 나 자신을 발견한 것이다.

'그래, 낭만 있는 사람으로 되돌아가자.'

그래서 만든 것이 지금 야나두의 소중한 가치인 '일한 땐 일하고, 쉴 땐 쉬고, 놀 땐 놀자'다.

누구보다 열정적으로 일하면서도, 여름휴가는 15일까지 신청할 수 있고, 회식은 오전 10시부터 시작해서 오후 6시면 3차가 되는 그런 조직.

사람은 기계가 아니다. 놀 때, 쉴 때, 일할 때를 잘 구분해서 시간을 사용해야 한다.

# 휴식 루틴을
# 만들어라

## 쉬는 시간을
## 계획하라

　　　　　　광고 대행사에서 일할 때 1년에 열일곱 번의 주말만을 쉬고 나머지는 전부 특근을 했다. 그래서 그곳을 나와 회사를 창립하면서 각오한 것 하나는 절대 주말에는 일하지 않는다는 것이었다. 이 당연한 말이 그때는 그렇게 쉽게 나오는 말이 아니었다.

　너무 바빠서 쉴 시간이 없다는 것은 시간 관리에 취약하다는 증거다. 너무 바쁜 와중에도 쉴 시간을 따로 챙기는 것이 시간 관리다. 인생의 생산성을 높이려면 휴식은 필수다. 일하고 남는 시간에 휴식하는 것이 아니라, 휴식 시간을 먼저 정해두고 무조

건 쉬어준 다음 남은 시간에 최선을 다해 몰입하는 방식으로 시간을 관리해야 일의 생산성도 몸의 컨디션도 높아진다. 매일 오전·오후·저녁의 휴식 계획, 주말의 휴식 계획, 연간 휴가 계획을 미리 세워두고, 휴식이라는 보상을 기대하며, 휴식을 누릴 자격이 있다고 느껴질 만큼 최선을 다해 일하는 것이다.

휴식은 한껏 차오른 몸과 뇌의 긴장을 풀어주는 활동이다. 몸의 긴장을 푸는 데 집중하는 휴식이 있고, 뇌의 긴장을 푸는 데 집중하는 휴식이 있다. 컨디션이 최상으로 유지되도록 휴식 루틴을 만들어 몸과 뇌를 길들이면 삶의 생산성과 질이 높아진다.

아침은 기도, 명상, 감사 일기 등으로 마음의 긴장을 풀어 긍정 에너지를 높이는 방식으로 시작하는 것이 좋다. 아침의 마인드셋이 하루의 업무 성과를 결정한다.

업무 시간에는 타이머를 설정해 50분간 집중적으로 일한 뒤 10분은 가볍게 걷거나 스트레칭하는 방식으로 몸에 활력을 줄 수 있다. 짧은 유머 동영상을 보며 크게 웃는 것도 긴장 완화에 도움이 된다.

저녁에는 운동을 하거나 사랑하는 가족 또는 친구들과 대화 시간을 갖는 것이 좋다. 운동은 체력 관리를 위한 필수적인 활동이고, 사랑하는 사람과의 관계는 살아가는 원동력으로서 행복감을 높인다. 수면 시간은 사람마다 차이가 있지만 평균 일곱 시간 이상 잘 수 있도록 잠자는 시간과 일어나는 시간을 정하는 것이 좋다.

성공한 사람들은 자신만의 휴식 루틴이 있다. 서울대학교 황농문 교수의 휴식 루틴은 하루 한 시간의 테니스다. 그는 오후 5시 30분이 되면 옷을 갈아입고 바로 테니스장으로 간다. 준비 운동을 하고 정해진 파트너와 5분 정도 랠리를 한 뒤 단식 경기를 한다. 테니스를 치는 동안에는 일에 대한 생각을 모두 잊고 오로지 테니스에만 집중한다.

운동 루틴을 시작한 것은 한 가지 문제에 깊이 몰두하는 그의 연구 방식이 정신 건강을 해친다는 것을 깨달았기 때문이다. 그는 몰입을 제대로 하기 시작하면 밤낮 없이 연구에 대한 아이디어가 떠올라 잠을 이루지 못했다. 그러니 수면이 부족해지고, 급기야 생각을 조절할 수 없게 되었다. 이러다 정신 건강을 해치겠다는 염려가 되어 몸을 지치게 하는 운동을 시작했다.

매일 테니스를 규칙적으로 하자 잠이 오지 않는 증상이 사라지고, 몰입적 사고를 몇 년간 해도 몸이 건강하고 의욕이 넘쳤다. 천재라 칭송받는 뉴턴, 아인슈타인, 비트겐슈타인, 반 고흐는 정신 질환을 앓았다. 장기간 과몰입했기 때문이다. 황농문 교수는 만약 그들이 규칙적인 운동을 병행했다면 훨씬 건강하고 왕성한 활동을 펼칠 수 있었을 것이라고 생각한다.

황농문 교수는 하루 일과 중 운동에 가장 높은 우선순위를 부여하고 의무적으로 실천한다. 성공하기 위해 가장 중요한 것이 규칙적인 운동이라는 신념이 있기 때문이다.

"최선의 삶을 살려면 하루하루를 생에서 가장 중요한 날로 생각하고 최상의 컨디션을 유지해야 한다. 이를 위해서는 규칙적인 운동을 꾸준히 하는 것 외에 달리 방법이 없다. 운동을 하면 시간을 빼앗겨 일할 시간이 더 모자랄 것 같지만 실제로 해보면 삶을 훨씬 더 알차게 보낼 수 있다. 가장 두드러지는 효과는 일에 쫓기는 상황에서 일을 쫓는 상황으로 바뀐다는 것이다. 해야 할 일에 대해 보다 능동적이고 자율적으로 행동하게 된다. 규칙적으로 운동을 하면 나머지 일들이 다 잘 돌아가는 것을 몸소 체험할 수 있을 것이다."[5,6]

일리노이주에 위치한 네이퍼빌 센트럴 고등학교는 0교시 체육 수업을 한다. 분당 평균 심장박동 수 185로 1마일(1.6킬로미터)을 달린다. 이 하나의 루틴이 네이퍼빌 203학군에 있는 1만 9000명의 학생들을 전국에서 가장 건강한 아이들, 학업 성적이 뛰어난 아이들로 만들어놓았다. 고등학교 2학년생 가운데 과체

중인 학생은 3퍼센트밖에 되지 않는다. 전국 평균이 30퍼센트인 것에 비하면 굉장한 수치다. 팀스TIMSS에서 네이퍼빌 학생들은 놀라운 성과를 보여주었다. 팀스는 수학, 과학에 대한 학생들의 학력을 국제적으로 비교하는 시험인데, 중국, 일본, 싱가포르가 늘 미국을 앞질렀다. 그런데 시험에 참가한 전 세계 23만명의 학생 가운데 네이퍼빌 학생들이 수학에서 6등, 과학에서 1등을 차지했다. 뇌가 학습을 하기 위해서는 뇌 세포 간의 연결이 반드시 이루어져야 하는데, 운동이 뇌세포들의 연결을 촉진하기 때문이다.

네이퍼빌 203학군의 체육 수업은 학생들에게 건강 관리법을 가르치는 데 중점을 둔다. 학생들이 스스로 건강을 관리할 수 있게 되면, 평생 건강한 삶을 누릴 수 있다는 철학 때문이다. 학생들은 체육 수업에서 자신의 몸이 어떻게 기능하는지 배우고 거기에 맞는 건강 습관과 기술을 배우면서 즐거움을 느낀다. 체육 교사들은 최대한 다양한 운동 종목으로 커리큘럼을 구성해서 학생들이 자신에게 맞는 종목을 찾을 수 있게 했다. 그러면 학생들은 변했다. 텔레비전만 보던 아이들이 운동에 중독된다. 운동을 하며 자란 아이들은 어른이 되어서도 운동을 한다.[7]

## 하루 한 번,
## 나를 기쁘게 하는 순간

구글의 개발자인 차드 멍 탄은 행복하고 성공적인 삶을 살기 위해 명상 루틴을 실천한다. 차드 멍 탄은 구글 직원들을 대상으로 7주간 명상 수업을 진행했는데, 이 수업을 받은 사람들은 이전보다 감정 조절이 쉬워지고, 마음이 편해졌으며, 자신감이 높아지고, 인간관계와 리더십 능력이 향상되었다. 그는 무거운 물건을 들었다 내렸다 하면서 운동을 하면 힘이 세어지듯, 간단한 훈련을 통해 행복을 느낄 수 있다고 말한다. 명상 훈련을 하면 언제든 가장 행복한 순간을 느낄 수 있다는 것이다.

차드 멍 탄은 '세바시'에 출연해 세 가지 명상 훈련을 제안했다. 첫째, 마음을 안정시키고, 둘째, 행복에 집중하고, 셋째, 친절한 마음을 가지는 것. 모두 10초 동안 마음으로 하는 것들이다.

첫 번째로 마음을 안정시키는 방법은 호흡이다. 마음은 끊임없이 흔들린다. 불안, 화, 증오, 질투, 짜증, 불만족 등으로 흔들린다. 10초 동안 호흡에 집중하면 요동치는 마음에 고요함이 찾아온다. 마음이 평온하고 청명해진다. 마음의 기본 상태로 돌아가는 것이다. 마음의 기본 상태는 행복이기 때문에 마음을 기본 상태로 만드는 것만으로도 행복해진다. 10초 동안 호흡에 집중하는 것은 마음을 챙기는 일이다. 집중이 흩어질 때마다 다시 호흡을 하면 호흡 역량이 생긴다. 횟수가 쌓일수록 마음의 흔들림 없이 호흡에만 집중할 수 있는 시간이 늘어난다.

두 번째는 행복에 참여하는 것이다. 행복한 경험에 집중하는 것이다. 음식을 먹는 순간, 사랑하는 사람과 손을 잡는 순간, 공원을 산책할 때의 경험에 집중하는 것이다. 그러면 중립적인 경험이 긍정적인 경험으로 변한다. 아주 작은 경험이라도 행복의 순간을 찾아 10초 동안 집중하는 습관을 갖는 것이다. 배가 고파 음식을 먹을 때도 10초간 음식에 집중하고, 산책을 갈 때도 10초간 산책에 집중하고, 친구와 함께 있다면 10초간 친구에게 집중하는 것이다. 그러면 행복이 내면화된다.

세 번째는 친절한 마음을 갖는 것이다. 친절은 정신적 습관이 될 수 있다. 무작위로 어떤 사람을 볼 때 가장 먼저 '이 사람이 행복해졌으면 좋겠다'라고 생각하는 것이다. 회의실에 들어서면 모인 사람들을 보고 '이들이 행복했으면 좋겠다'고 생각하는 것이다. 그러면 생각이 몸으로 표현되고 무의식적으로 그 사람들도 느끼면서 당신을 좋아하게 된다. 그러면 나도 행복해진다. 이 방법을 실천한 사람은 그에게 이런 피드백 메일을 보냈다.

"월요일에 강연을 들었는데 그전에는 내 직업이 너무 싫고 매일매일 출근하는 게 싫었습니다. 그런데 그 훈련을 하고 난 화요일이 직장 생활 7년 중에 가장 행복한 날이었습니다."[8]

21세기 혁신의 아이콘이라 불리는 스티브 잡스는 명상에 심취해 매일 명상을 실천했다.

"가만히 앉아서 내면을 들여다보면 우리는 마음이 불안하고 산란하다는 것을 알게 됩니다. 하지만 시간이 흐르면 마음속 불안의 파도는 점차 잦아들고, 그러면 보다 미묘한 무언가를 감지할 수 있는 여백이 생겨납니다. 바로 이때 우리의 직관이 깨어나기 시작하고 세상을 좀 더 명료하게 바라보며 현재에 보다 충실하게 됩니다. 이것이 바로 마음의 수양이며, 지속적으로 훈련해야 하는 것입니다."

오프라 윈프리는 매일 아침 9시, 그리고 오후 4시 반에는 무엇을 하고 있던 간에 일단 멈추고 명상을 한다. 그녀는 미국의 유명 건강 토크쇼인 〈닥터 오즈 쇼The Dr. Oz Show〉에 출연해 회사의 전 직원과 함께 매일 명상을 한다고 밝혔다.

"명상을 함으로써 우리는 안정을 찾고 중심으로 돌아갑니다. 우리보다, 우리 일보다 중요한 것이 있다는 것을 깨닫는 것이 강한 힘을 가져다줍니다. 우리에게 그전에는 없었던 어떤 동기가 생깁니다. 사람들은 편두통이 사라지고, 잠을 더 잘 자고, 서로 사이가 좋아지고, 관계가 향상되고, 아주 환상적입니다. 그래서 제가 지속하고 싶은 한 가지는 매일 제 중심을 잡고 저를 위해 명상을 하는 겁니다. 왜냐하면 제가 명상을 하면 1000퍼센트는 더 나아지거든요. 작은 저 자신보다 큰 힘에 저를 맡기면 1000퍼센트 나아져요."

여행으로 일상에서 벗어나 주의를 환기시키는 것도 좋은 휴식이 된다. 익숙한 곳에서 떠나 낯선 곳에 나를 두면 나의 모습을 좀 더 객관적으로 바라볼 수 있다. 매일 반복되는 긴장 상태에서 완전히 벗어나 이완된 상태에서 새로운 자극, 경험, 영감을 얻을 수 있다.

하버드 대학교의 한 총장은 학교에 장기 휴가를 신청하고 혼자 미국 남부의 어느 시골 마을로 떠나 머물렀다. 자신이 어디에서 지내는지는 아무에게도 밝히지 않았다. 마을 사람들은 그가 누구인지 아무도 몰랐다. 그는 낯선 마을에서 농장 일을 하고 식당에서 접시를 닦았다. 세계에서 가장 뛰어난 대학교를 이끌어야 한다는 무거운 책임감에서 벗어나, 몸으로 하는 일은 그에게 색다른 즐거움을 주었다. 휴가를 마치고 다시 하버드로 돌아온 총장은 이전과 같은 일을 하지만, 이전과는 다른 사람이 되어 있었다. 같은 일을 하는데도 이전보다 일이 훨씬 즐거웠다. 휴식 기간 동안 업무에서 벗어나 낯선 일을 하며 마음에 쌓였던 각종 쓰레기를 깨끗이 치워버리자, 새로 태어난 아기처럼 일상이 새롭고 흥미롭게 느껴졌다.[9]

하루 한 번 내가 좋아하는 순간을 만드는 것도 좋다. 나는 늦은 밤 좋아하는 브라질 재즈를 들으며 싱글 몰트 위스키 한 잔을 마시는 순간을 좋아한다. 건강을 위해 한 모금만 마시지만 하루의 긴장을 풀고 회복하는 데 큰 도움이 된다. 좋아하는 음악을 10분 동안 즐겁게 듣는 것, 출근 길 나만의 산책로를 만드는 것, 퇴근 길 지하철에서 재미있는 웹툰을 보는 것도 휴식이 된다. 주말에는 스마트폰을 차에 두고 집에서는 핸드폰을 아예 보지 않는 것도 좋다.

몸과 마음이 과로 상태가 되지 않도록 주기적으로 점검하여 꼭 필요한 휴식을 취해야 한다. 수면, 명상, 금식, 휴가 등의 중요성이 그 어느 때보다 강조되는 것은 그 어느 때보다 진정한 휴식을 갖기 어려운 환경에 처했기 때문이다. 충분한 휴식을 통해 회복하는 사람만이 더 오래 더 건강하게 더 행복하게 일하며 원하는 삶을 살 수 있다.

## 야, 나도 했어

이 책의 마지막 장을 넘기는 독자에게 들려주고 싶은 이야기가 있다.

사람이 태어나면 절대 일어나는, 그리고 절대 바뀌지 않는 단 하나의 진리가 있다. 바로 누구에게나 '죽음'이 찾아온다는 것이다. 우리는 누구나 죽는다. 그리고 또 하나의 진리가 있다. 시간은 지나가면 돌아오지 않는다는 것.

이런 진리를 바탕으로 질문 하나를 하고 싶다. 죽을 때 당신의 삶이 어떤 삶이었기를 바라는가?

난 행복한 삶이었기를 바란다. 행복. 그것은 개인마다 다르다. 행복은 개인의 영역이다. 그러나 행복해지는 방법은 얼추 비슷할 것이다.

행복한 일을 위해서 시간을 들여서 노력하는 것이다. 매일매일 조금씩 나의 행복한 시간을 위해 투자하는 것이다. 현재를 매우 소중하게 사용하고, 지금 이 순간을 소중하게 사용해야 한다.

소중하게 시간을 사용하다 보면 비록 원하는 지점까지 가지 못하더라도 이런 말과 만날 수 있다. '이 정도면 충분했다.' 그러면 바로 개운함이랑 만날 수 있을 것이다.

누구나 이 개운함이랑 만나길 바라본다.

누구나 인생을 소중하게 사용하길 바라본다.

야, 너두 할 수 있어.

주

## Do 1. 나를 먼저 생각하는 이기심이 필요하다

1) 브로니 웨어 지음, 유윤한 옮김, 《내가 원하는 삶을 살았더라면》, 피플트리, 2013.

2) 황농문 지음, 《몰입1》, 알에이치코리아, 2007.

3) 하드웍스 홈페이지, https://www.hardworks.kr/

4) 김완 지음, 《죽은 자의 집 청소》, 김영사, 2020.

5) 케이틀린 도티 지음, 임희근 옮김, 《잘해봐야 시체가 되겠지만》, 2020.

6) BetterUp 보고서, "Meaning and purpose at work", 2018.

## Do 2. 측정하지 않으면 이르지 못한다

1) http://www.goalband.co.uk/uploads/1/0/6/5/10653372/gail_matthews_ research_summary.pdf

2) 찰스 두히그 지음, 강주헌 옮김, 《습관의 힘》, 갤리온, 2012.

## Do 3. 하루 1퍼센트, 작은 성공이 운명을 바꾼다

1) 로버트 마우어 지음, 장원철 옮김, 《아주 작은 반복의 힘》, 스몰빅라이프, 2016.

2) 로버트 마우어 지음, 《아주 작은 반복의 힘》.

3) 제임스 클리어 지음, 이한이 옮김, 《아주 작은 습관의 힘》, 비즈니스북스, 2019.

4) 제임스 클리어 지음, 《아주 작은 습관의 힘》.

5) 찰스 두히그 지음, 《습관의 힘》.

6) 찰스 두히그 지음, 《습관의 힘》.

7) 찰스 두히그 지음,《습관의 힘》.

8) 팀 페리스 지음, 박선령·정지현 옮김,《타이탄의 도구들》, 토네이도, 2017.

9) 게리 켈러·제이 파파산 지음, 구세희 옮김,《원씽》, 비즈니스북스, 2013.

10) 찰스 두히그 지음,《습관의 힘》.

11) 황농문 지음,《몰입2》, 알에이치코리아, 2011.

12) 찰스 두히그 지음,《습관의 힘》.

13) 제임스 클리어 지음,《아주 작은 습관의 힘》.

14) 찰스 두히그 지음,《습관의 힘》.


**Do 4. 나 사용설명서를 알면 방법이 보인다**

1) EBS, 〈학교란 무엇인가-0.1%의 비밀〉, 2010년 11월 29일 방영.

2) KBS, 〈시사기획 창-공부에 대한 공부〉, 2014년 7월 8일 방영.

3) EBS, 〈학교란 무엇인가-0.1%의 비밀〉.

4) 나폴레온 힐 지음, 권혁철 옮김,《놓치고 싶지 않은 나의 꿈 나의 인생 1》, 국일
   미디어, 2015.


**Do 5. 실패하되 패배감에 빠지지 마라**

1) T. L. Kraft & S. D. Pressman, "Grin and bear it: The influence of
   manipulated facial expression on the stress response", *Psychological
   Science*, 23(11), 1372-1378, 2012.

2) 나폴레온 힐 지음,《놓치고 싶지 않은 나의 꿈 나의 인생 1》.

3) 앤절라 더크워스 지음, 김미정 옮김,《그릿》, 비즈니스북스, 2016.

4) 조 볼러 지음, 이경식 옮김,《언락》, 다산북스, 2020.

5) 캐럴 드웩 지음, 김준수 옮김,《마인드셋》, 스몰빅라이프, 2017.

6) 캐럴 드웩 지음, 《마인드셋》.

**Do 6. 먼 길은 경쟁하며, 함께 가는 것이다**

1) 앤절라 더크워스 지음, 《그릿》.

2) 니컬러스 크리스태키스·제임스 파울러 지음, 이충호 옮김, 《행복은 전염된다》, 김영사, 2010.

3) 벤저민 하디 지음, 김미정 옮김, 《최고의 변화는 어디서 시작되는가》, 비즈니스북스, 2018.

4) 벤저민 하디 지음, 《최고의 변화는 어디서 시작되는가》.

5) 나무위키, '페이스메이커'.

6) 조 볼러 지음, 《언락》.

7) 영화 〈My Name Is Bill W.〉, 1989.

8) 제임스 클리어 지음, 《아주 작은 습관의 힘》.

9) 손효림 기자, "'믿어주니 오르더라'…부모신뢰가 성적에 좋은 영향", 〈동아일보〉, 2004. 7. 8.

10) 벤저민 하디 지음, 《최고의 변화는 어디서 시작되는가》.

11) 앤절라 더크워스 지음, 《그릿》.

12) 안데르스 에릭슨·로버트 풀 지음, 강혜정 옮김, 《1만 시간의 재발견》, 비즈니스북스, 2016.

13) 나폴레온 힐 지음, 《놓치고 싶지 않은 나의 꿈 나의 인생 1》.

**Do 7. 나의 최고치를 꿈꿔라**

1) 조 볼러 지음, 《언락》.

2) 캐럴 드웩 지음, 《마인드셋》.

3) 캐럴 드웩 지음,《마인드셋》.

4) 한국여성과학기술인지원센터,《2018년도 여성과학기술인력 활용 실태조사》, 2020.

5) 조 볼러 지음,《언락》.

6) 캐럴 드웩 지음,《마인드셋》.

7) Tara Thiagarajan, "Half a Brain: The Variable Outcomes of Brain Surgery", *Psychology Today*, May 13, 2019.
https://www.psychologytoday.com/us/blog/7-billion-brains/201905/half-brain-the-variable-outcomes-brain-surgery

8) 조 볼러 지음,《언락》.

9) 웨이슈잉 지음, 이지은 옮김,《하버드 새벽 4시 반》, 라이스메이커, 2017.

10) 조 볼러 지음,《언락》.

11) 찰스 두히그 지음,《습관의 힘》.

12) 벤저민 하디 지음,《최고의 변화는 어디서 시작되는가》.

13) https://en.wikipedia.org/wiki/World_Memory_Championships

14) 영화,〈Memory Games〉(감독 Janet Tobias, Claus Wehlisch), 2019.

15) 웨이슈잉 지음,《하버드 새벽 4시 반》.

16) 로버트 마우어 지음,《아주 작은 반복의 힘》.

## Do 8. 쉬는 것도 계획하라

1) Nina E. Fultz 외, "Coupled electrophysiological, hemodynamic, and cerebrospinal fluid oscillations in human sleep", *Science* 01, Nov. 2019.

2) Shai Danzigera, Jonathan Levavb, Liora Avnaim-Pessoa, "Extraneous factors in judicial decisions", PNAS, April 26, 2011.

3) 게리 켈러·제이 파파산 지음,《원씽》.

4) SKT블로그, "배터리 가장 많이 잡아먹는 기능은? 스마트폰 배터리 조기 퇴근의
진실".

5) 황농문 지음,《몰입1》.

6) 황농문 지음,《몰입2》.

7) 존 레이티·에릭 헤이거먼 지음, 이상헌 옮김,《운동화 신은 뇌》, 녹색지팡이,
2009.

8) Chade-Meng Tan, 〈세바시 강연-Joy Becomes You〉, 2013.

9) 웨이슈잉 지음,《하버드 새벽 4시 반》.

# 야, 너두 할 수 있어

**초판 1쇄 발행** 2021년 1월 1일
**초판 8쇄 발행** 2023년 12월 11일

**지은이** 김민철
**펴낸이** 최지연
**마케팅** 김나영, 김경민, 윤여준
**경영지원** 이선
**디자인** 데시그 이하나, 윤여경
**정리** 김현정
**교정** 윤정숙

**펴낸곳** 라곰
**출판등록** 2018년 7월 11일 제2018-000068호
**주소** 서울시 마포구 큰우물로75 1406호
**전화** 02-6949-6014 **팩스** 02-6919-9058
**이메일** book@tain.co.kr

ⓒ 김민철, 2021

ISBN 979-11-89686-26-0 03320